REPRENEZ LE POUVOIR SUR VOTRE ARGENT !

Pour plus d'information :

www.lisez.com

Imprimé sur du papier issu de forêts gérées durablement.

ISBN : 978-2-412-10461-3
Code éditeur : S10461/01
Dépôt légal : novembre 2025
Imprimé en France par Normandie Roto Impression s.a.s. (2503184)
en octobre 2025

Suivi éditorial : Stéphane Séréduik – Blob Éditions
Préparation de copie : Charlie Baleine
Correction : Myriam Larabi
Maquette intérieure : Capucine Deslouis
Couverture : Joséphine Cormier

Éditions First, un département d'Édi8
92, avenue de France
75013 Paris – France
Tél. : 01 44 16 09 00
E-mail : firstinfo@efirst.com
Site internet : www.lisez.com

Oscar Spengler

REPRENEZ LE POUVOIR SUR VOTRE ARGENT !

La méthode aux 32 règles d'or
pour doper votre intelligence financière

SOMMAIRE

UN ÉNIÈME GUIDE D'ÉDUCATION FINANCIÈRE ?

J'ai écrit ce livre dans le but de proposer un véritable outil d'apprentissage complet, pensé pour t'aider à prendre en main tes finances de A à Z. Je l'ai voulu concret, sans baratin, et aussi pédagogique que possible, dans la continuité de ce que je fais dans chaque épisode du podcast *L'Éducation Financière Pour Tous*, où j'aborde les thématiques de la finance une à une.

Aujourd'hui, je veux t'en offrir une synthèse claire, accessible et tout-en-un, fruit de plusieurs années de recherches passionnées, de pratiques personnelles et de retours d'auditeurs.

Ce livre repose sur trois piliers :

- des notions théoriques essentielles, sélectionnées avec soin,
- des méthodes de gestion financière validées scientifiquement,
- et des conseils pratiques éprouvés.

Ce guide peut bien être le seul que tu liras sur le sujet. Et même dans ce cas, tu sortiras de ta lecture plus au clair, plus autonome et mieux préparé que la majorité des gens. Peut-être sera-t-il le point de départ de ton parcours de reprise en main de tes finances ? J'espère sincèrement parvenir à te donner l'envie et la curiosité d'aller plus loin ! Et si ce n'est pas le cas, ce n'est pas grave : tu auras déjà fait un pas de géant.

Tu as peut-être déjà entendu parler de la pyramide de Maslow, celle qui hiérarchise les besoins humains, de la survie à l'épanouissement personnel. Je t'ai préparé une pyramide équivalente, mais pour ton argent :

La pyramide des huit accomplissements financiers.

À la base, il y a les fondations : éviter les difficultés de fin de mois, sortir des dettes toxiques. Et, à mesure que tu progresses, tu montes vers des sommets plus ambitieux : constituer un fonds d'épargne pour tes projets, investir efficacement et, à terme, bénéficier d'un patrimoine à ton service. C'est une méthode pas à pas, concrète, qui te permet d'avancer à ton rythme, mais dans le bon ordre. Parce que sans base solide, on ne construit rien de durable.

Dans ce guide, je vais t'expliquer :

Pourquoi tu n'arrives pas à mettre plus d'argent de côté.

Ou pourquoi tu n'as pas besoin d'épargner autant.

Pourquoi la dette n'est pas toujours un fardeau.

Pourquoi l'investisseur le plus fainéant est souvent le plus prospère.

Pourquoi acheter ta résidence principale n'est pas toujours un bon plan.

Pourquoi investir n'est plus un privilège, mais un impératif.

Pourquoi, parfois, se focaliser sur l'investissement est une perte de temps.

Et bien d'autres choses !

Chaque étape t'aidera à maîtriser un étage de la pyramide, avec des règles d'or pour ancrer les concepts clés, des illustrations claires pour visualiser les notions plus complexes, et un plan d'action pour passer tout de suite à la pratique et continuer de progresser.

Imagine deux paysans face à la même terre fertile.

L'un, pressé de tirer profit de ce qu'il voit, rase la forêt, vend le bois, chasse le gibier et épuise le sol pour quelques récoltes rapides. Il obtient des gains immédiats, mais sa terre se fatigue et finit par ne plus rien donner. Alors, il part chercher un autre terrain à exploiter, condamné à une éternelle fuite en avant.

L'autre, lui, commence par étudier son terrain pour le comprendre et en prendre soin. Il sait qu'il n'en tirera rien d'important tout de suite. Mais il prépare le sol, enrichit la terre, choisit les bonnes graines et arrose régulièrement. Il attend. Avec le temps, les pousses apparaissent, les arbres commencent à donner des fruits. Il voit ses récoltes croître d'année en année et son champ devient un écosystème prospère. Un jour, il n'a plus besoin de semer autant : sa terre travaille pour lui.

Les finances personnelles fonctionnent de la même manière.

Tu peux choisir de tout consommer maintenant, sans te poser de questions, ou tu peux prendre le temps de construire les fondations d'une vie financière saine, durable et féconde. Cela demande un peu de méthode, de patience et de persévérance. Mais ce choix, fait tôt et bien accompagné, finit par produire un effet de levier que peu de gens imaginent.

Ce guide est une méthode, pas une promesse. Ici, pas de recettes miracles, pas de « revenu passif » du jour au lendemain. Ce manuel défend une approche lente mais sûre du développement financier, fondée sur des principes éprouvés et des outils accessibles à chaque étape de ton parcours. Parce que l'enrichissement spectaculaire, celui qui est mis en avant dans notre société, est un leurre : une poignée de cas exceptionnels qu'on brandit comme l'idéal. C'est le biais du survivant : on voit les quelques réussites… mais jamais les centaines d'échecs silencieux. À l'inverse, cette méthode te propose une trajectoire réaliste, progressive mais inexorable. Tu y trouveras des étapes claires, des outils concrets et une vision d'ensemble. De quoi reprendre la main sur tes finances avec confiance, quel que soit ton point de départ. Pas pour faire de l'argent le centre de ta vie, mais pour veiller à ce qu'il t'accompagne intelligemment et travaille pour toi, et moins l'inverse.

Ce guide n'est pas une fin en soi : c'est une boussole, un compagnon de route. Il ne trace pas ta route à ta place, mais vise à t'offrir des repères pour vivre la vie que tu souhaites, sans être freiné par des décisions financières mal alignées ou subies. L'argent, bien géré, est un outil puissant : il ne remplace rien d'essentiel, mais il permet d'avancer plus sereinement, de choisir, de refuser, de se projeter. Une vie financière réussie, ce n'est pas une vie pleine de luxe ou de superflu. C'est une vie où tu n'as pas peur du 15 du mois, où tu peux dire non à un travail qui t'épuise, où tu peux prendre soin de tes proches, où tu es libre de construire un projet qui a du sens. Les finances personnelles ne sont pas un détail ou un hobby, elles sont au cœur de notre qualité de vie, de nos choix, de notre santé mentale parfois. Et pourtant, ce domaine reste opaque, trop souvent réservé à ceux qui ont déjà les moyens. Le but de ce guide est d'y mettre un peu de clarté, de méthode et d'humanité, car ce n'est pas ton conseiller bancaire qui s'en chargera !

Les jeunes générations devront probablement faire face à moins de sécurité collective. Les systèmes de retraite sont sous tension. Les études démographiques montrent une baisse continue du nombre d'enfants, donc moins de futurs cotisants pour soutenir les retraités : le modèle actuel ne tiendra pas indéfiniment. À cela s'ajoute l'érosion de la classe moyenne, la montée des inégalités et le risque inflationniste. Tout cela doit inciter chacun à reprendre le contrôle de ses finances et à bâtir une résilience financière à la mesure de ses moyens et de ses objectifs.

Ce guide s'adresse à toutes celles et ceux qui ont cette intention. Que tu veuilles épargner tes premiers euros, te libérer de dettes, financer un projet de vie, préparer ta retraite ou tout simplement avoir un peu plus de marge de manœuvre dans ton quotidien, cette méthode a été conçue pour t'accompagner. Pas besoin d'être riche pour s'y mettre. Pas besoin d'avoir déjà développé une intelligence financière. Il suffit d'avoir l'envie de faire mieux. Et plus tu commences tôt, plus les effets sont significatifs.

Tu es étudiant ? C'est le meilleur moment.

Tu es actif, parent ou en reconversion ? C'est aussi un moment idéal.

Tu es retraité ? Il n'est pas trop tard pour sécuriser, simplifier ou transmettre.

Le seul mauvais moment, c'est jamais.

Alors, prêt à reprendre le pouvoir sur ton argent ?

Étape 1

DÉPENSE MOINS QUE CE QUE TU GAGNES

Et si je te disais qu'il existe une règle simple qui peut transformer ta vie financière ? Une habitude qui t'évitera bien des galères et te donnera une vraie liberté d'action ?

Vivre en dessous de tes moyens. Voilà le point de départ, la fondation de toute ta vie financière. Bien sûr, ce n'est pas suffisant pour la développer jusqu'à son plein potentiel, mais tout le reste – épargne, investissement – repose sur ce principe.

Si tu ne respectes pas cette règle, tu es condamné à vivre au jour le jour, sans filet de sécurité. Peu importe combien tu gagnes : si tout s'envole, tu restes vulnérable et aliéné. Les revenus n'ont de valeur que rapportés aux dépenses : un revenu de 3 000 euros avec 2 500 euros de dépenses offre plus de marge financière qu'un revenu de 6 000 euros avec 5 800 euros de charges !

RÈGLE D'OR #1

LA MARGE SÉPARANT TES DÉPENSES DE TES REVENUS EST TA PREMIÈRE FORCE FINANCIÈRE.

En revanche, dès que tu crées une marge entre ce que tu gagnes et ce que tu dépenses, tu reprends le pouvoir sur ton argent. Tu peux gérer les imprévus, anticiper l'avenir, et commencer à faire travailler ton argent pour toi. C'est la voie ouverte vers ton émancipation !

Tu appliques déjà sûrement cette règle sans même t'en rendre compte. Mais ici, on va aller plus loin : comment la mettre en pratique intelligemment, sans frustration, pour bâtir des bases financières solides ? C'est ce qu'on va voir ensemble.

1. FAIS L'ÉTAT DES LIEUX DE TA SITUATION FINANCIÈRE

Faire des économies, c'est mathématique : sur le papier il suffit d'avoir un équilibre favorable entre tes entrées et tes sorties d'argent, tout comme il suffit de consommer moins de calories qu'on en dépense pour perdre du poids. Dans les deux cas, la meilleure approche est de viser de petits efforts réalistes et durables. Si tu fais un régime drastique, comme des coupes extrêmes dans tes dépenses, tu risques de craquer et de reprendre de mauvaises habitudes par dégoût de cet effort.

Avant de déterminer les actions que tu peux mettre en place, tu dois visualiser les points à optimiser dans ta gestion. Pour cela, faisons un diagnostic de ta situation financière mensuelle. On attaque vraiment par la base : le budget. Pour analyser ton cas avec un regard impartial, rien de mieux qu'un bon vieux tableau de trésorerie, dans lequel tu vas renseigner tes revenus et toutes tes dépenses réelles. Son but principal : te faire comprendre où va ton argent, en mettant en évidence les flux financiers qui traversent ton compte en banque tous les mois. Je vais te faire gagner du temps, je te propose d'utiliser un tableau exhaustif tout prêt que tu peux retrouver et télécharger dans l'onglet « Outils » sur le site www.leducationfinancierepourtous.fr.

Prends le temps de le remplir sérieusement en faisant un état des lieux des mouvements sur ton compte en banque sur le dernier mois. Ça ne te prendra pas plus d'un quart d'heure avec ton relevé bancaire à côté de toi !

Renseignes-y d'abord toutes tes entrées d'argent : salaires, bénéfices, aides de l'État, allocations, etc. Dans le tableau, j'ai ensuite détaillé les dépenses en charges fixes, c'est-à-dire ce que tu payes tous les mois pour ton quotidien comme le loyer, les courses alimentaires, les frais de transport ou d'énergie ; mais aussi les différents types de dépenses variables, qui peuvent être irrégulières. Il s'agit principalement des loisirs comme les cadeaux de Noël, les vacances, l'habillement, etc. Il est difficile de prendre conscience de ses budgets loisirs tellement ils sont variables d'un mois à l'autre, ce qui peut occasionner un certain déni du véritable budget qu'on leur accorde. Pour y remédier, calcule combien ces postes te coûtent chaque année, divise les montants par 12 et inscris-les dans le tableau comme une « provision » mensuelle.

Une fois que c'est fait, tu as devant les yeux le coût réel de ton train de vie, ainsi qu'une projection de ta capacité d'épargne mensuelle – si tu es dans le positif – ou, sinon, du chemin qu'il te reste à parcourir pour rééquilibrer la balance. Le tableau t'aide à décider de façon éclairée si tes habitudes te conviennent, ou si tu pourrais faire des ajustements.

De fait, le plus rapide pour récupérer un peu de souffle financier, c'est de couper dans les dépenses. On parlera de l'optimisation de tes revenus plus tard dans ce guide, car cela demande plus de préparation et de patience.

Amuse-toi à faire varier les paramètres de dépenses pour voir comment cela affecte ta capacité d'épargne !

En tout cas, le tableau va bien te montrer si ton train de vie est viable ou non. Idéalement, tu devrais viser à dépenser maximum 80 % de ce que tu gagnes pour avoir un peu de marge. Ton but va être de baisser tes dépenses tant que ce n'est pas le cas, et ensuite, tout sera une question de discipline et de planification. Tu es peut-être dans une phase avec des revenus très faibles ou instables – je pense notamment aux étudiants. Dans ce cas, le tableau va t'aider à maintenir le plus possible l'équilibre.

Maintenant que tu as une vision claire de ton budget, découvrons ensemble comment réduire intelligemment tes dépenses.

2. COMMENT BIEN ÉCONOMISER ?

Le principe de Pareto des économies

Pour diminuer significativement tes dépenses, il n'y a pas de secret : il faut s'attaquer aux mastodontes de ton budget, autrement dit à tes plus gros postes de dépenses. Le premier réflexe, c'est souvent de se dire : « Je vais arrêter d'acheter des cafés, et de temps en temps des snacks à la cafétéria. » D'accord, pourquoi pas ? Mais soyons honnêtes : ce ne sont pas ces 3 euros par-ci par-là qui plombent ton budget, ce sont les 800 euros de loyer, les 400 euros de courses, ou les 200 euros d'essence et d'assurance auto. Les économies de bouts de chandelles sont importantes initialement pour te donner un peu de marge et te motiver à réorganiser ton budget, mais elles ne changeront pas ta vie de manière flagrante.

Les efforts d'économies suivent en fait un principe de Pareto.

FOCUS → LE PRINCIPE DE PARETO

Aussi appelé règle des 80/20, il stipule que 80 % des effets proviennent de 20 % des causes. Il ne s'agit pas d'une loi mathématique stricte, mais d'une observation empirique : dans de nombreux domaines, une minorité d'actions, d'efforts ou de ressources produit la majorité de la valeur. Par exemple, 20 % des clients génèrent 80 % du chiffre d'affaires, ou encore 20 % des tâches créent 80 % du résultat. Ce principe, qui s'applique particulièrement bien aux finances personnelles, peut t'aider à gérer ton temps et tes efforts pour concentrer ton énergie là où elle a le plus d'impact.

Pour diminuer tes sorties d'argent, le plus rentable sera de t'intéresser aux plus gros postes de dépenses de ton tableau de trésorerie. Dans la plupart des cas, ce sera ton logement, tes dépenses d'énergie, les transports et l'alimentation. Ce sont eux qui dévorent une part énorme de ton budget chaque mois, souvent plus de 60 % à eux seuls. Ce sont ici que les marges de manœuvre existent vraiment. Optimiser ces postes, c'est comme perdre 10 kilos en changeant ce que tu manges tous les jours, pas en supprimant un bonbon.

Si tu peux faire des réductions là-dedans, c'est tout de suite plusieurs centaines d'euros économisés chaque mois.

Si tu es jeune et que tu as la possibilité de rester vivre chez tes parents, c'est, financièrement, LA décision qui change la donne. En économisant un loyer, tu ne réduis pas juste tes dépenses : c'est comme si tu avais un investissement locatif qui te rapporte un revenu tous les mois, sauf que c'est net d'impôts, sans crédit, sans locataire à gérer. Et ça, c'est un avantage énorme pour prendre de l'avance... bien sûr, si cela est compatible avec tes objectifs de vie et ton bien-être personnel !

Si tu es locataire, tu as plusieurs options pour diminuer le coût de ton logement. Est-ce que ça passera par une colocation, ou par un déménagement dans une zone moins recherchée ou dans un logement plus raisonnable ? C'est à toi de le déterminer en fonction de ta situation et de tes priorités. Il est possible de conserver une qualité de vie similaire en diminuant la surface que tu loues ou en t'éloignant d'une gare ou d'une station de métro très prisée, par exemple. Réduire ses dépenses, ce n'est pas forcément sacrifier son confort ! Détermine déjà si ton loyer concorde avec tes revenus. Pour te donner un repère, s'il dépasse 30 % de tes revenus, tu payes trop pour te loger. Peut-être que tu payes beaucoup pour vivre dans une grande ville dans le but de faire des études bien précises ou de dynamiser ta carrière, mais sois vigilant à ce que cette proportion diminue rapidement dans les prochaines années.

Si tu es par contre propriétaire de ton logement, c'est peut-être le moment de refinancer ton crédit immobilier avec un meilleur taux qu'à l'époque de sa souscription !

Prends le temps de réévaluer régulièrement tes abonnements d'énergie (électricité, gaz) : les offres évoluent souvent et une formule non adaptée à ton mode de vie peut te coûter inutilement plusieurs centaines d'euros chaque année.

Niveau transports, essaye de te passer de l'achat d'une voiture si elle n'est pas indispensable. C'est un gouffre financier qui bride prodigieusement ta capacité d'épargne. Si tu le peux, tu dois faire sans : entre l'assurance, l'entretien, le stationnement et le carburant, tu payes 200 à 250 euros par mois au minimum pour ta voiture, sans parler de son achat ou de sa location. Si tu dois vraiment avoir une voiture, fais en sorte de l'acheter d'occasion et comptant sans passer par du crédit, de la LOA (location avec option d'achat) ou de la LLD (location longue durée). Tant que tu n'as pas d'épargne solide, ta voiture doit rester une petite dépense bien contrôlée. Ne mets pas plus de 3 à 6 mois de salaire net dedans : si tu gagnes 1 500 euros, cherche une voiture à 9 000 euros maximum – moins, ce serait mieux. Cela permet d'envisager des voitures d'occasion fiables, sans avoir recours au crédit. De cette façon, en étant pleinement propriétaire de ton véhicule, tu limites son coût d'utilisation sur le long terme. Assure-toi de choisir un modèle réputé fiable et raisonnable en consommation avec un bon carnet d'entretien. Par la suite, poursuis cet entretien régulier pour éviter les problèmes mécaniques imprévus coûteux.

Petit conseil : sache qu'une voiture décote très vite une fois sortie de la concession. Si tu patientes 3 ans, tu peux généralement l'acheter moitié prix !

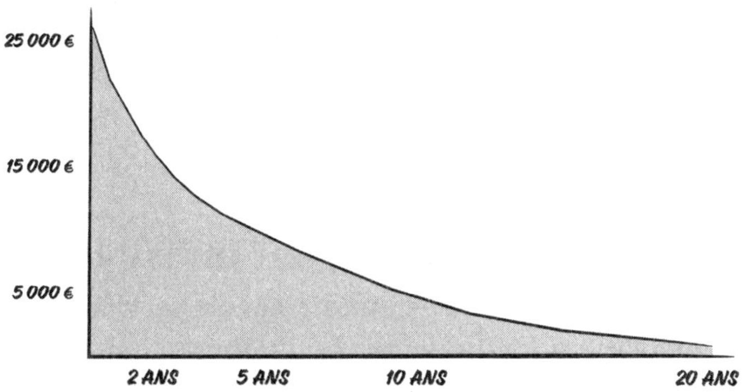

Dépréciation typique de la valeur d'une voiture thermique après son achat neuf

Pour tes trajets domicile-travail, mais aussi pour partir en vacances, privilégie le covoiturage pour amortir les frais. Si tu habites en ville, est-ce que tu as la possibilité de te déplacer avec les transports en commun ou à vélo ?

Notre dernier poste de dépense majeur, c'est l'alimentation. Ce budget est évidemment vital, mais il y a souvent un peu de marge de manœuvre pour des économies pertinentes. La clé dans ce domaine, c'est l'anticipation de tes besoins.

Par exemple, des compléments de courses à la supérette peuvent rajouter 90 euros de courses dans le budget mensuel, par rapport à une bonne anticipation de tes besoins et à l'achat en supermarché discount. Dans la même veine, évite les commandes fréquentes de repas, et privilégie la préparation à l'avance de tes plats du midi : c'est une petite habitude toute simple qui peut te faire économiser plusieurs centaines d'euros sur l'année.

Chasse les fuites d'argent invisibles

L'appétence actuelle des entreprises de services pour le modèle économique par abonnement a fait exploser le nombre de petits prélèvements mensuels dans notre quotidien, à tel point qu'ils en sont devenus incontournables pour bénéficier de bon nombre de services : c'est la *subscription economy*. Au départ, cela semble anodin : un abonnement pour un service de musique, un autre pour les vidéos en streaming, un pour ton appli de méditation, et encore un pour la livraison de repas. Un abonnement de 5 à 10 euros par mois, ça paraît dérisoire, mais, mises bout à bout, ces petites sommes s'accumulent et peuvent finir par étouffer ta capacité d'épargne sans que tu t'en rendes vraiment compte.

Prenons un exemple concret : imagine que tu sois abonné à plusieurs plateformes de streaming pour ne rien manquer de tes séries préférées. Netflix, Amazon Prime, Disney+, et pourquoi pas un abonnement à une autre plateforme spécialisée dans les documentaires ou les films étrangers. Chacun de ces services coûte entre 10 et 15 euros par mois, parfois même plus, soit plus de 50 à 60 euros mensuels, juste pour des contenus vidéo. Mais la réalité, c'est que tu n'utilises peut-être que deux d'entre eux régulièrement. Les autres restent en arrière-plan, uniquement utilisés de temps en temps. Résultat : tu dépenses chaque mois pour des services que tu n'exploites même pas pleinement. Même chose pour une salle de sport. Tu as souscrit un abonnement pour faire du sport, mais tu y vas rarement. Et pourtant, chaque mois, la cotisation continue de se déduire de ton compte.

Je te propose une méthode simple et efficace pour reprendre le contrôle de ces fuites : trouve un gaspillage financier à corriger, et travaille dessus jusqu'à ce qu'il soit complètement rectifié. Cela ne veut pas dire qu'il faut tout changer d'un coup. Tenter de couper toutes tes dépenses superflues en même temps est une démarche vouée à l'échec. Cela créerait de la frustration et pourrait, au contraire, encourager davantage de dépenses impulsives. Plutôt que de viser une « purge » brutale, commence par un seul abonnement. Examine-le sous toutes ses coutures : l'utilises-tu vraiment ? Te fait-il vraiment plaisir ? Si la réponse est non, annule-le. Une fois ce premier pas franchi, passe au suivant, jusqu'à ce que tous les abonnements inutiles aient disparu. Ce processus, s'il est fait progressivement, te permettra de libérer de l'argent pour d'autres projets plus pertinents, tout en évitant de te sentir privé de confort.

Une fois que tes abonnements inutiles sont éliminés, il est temps d'attaquer un autre gros poste souvent négligé : les frais bancaires. Beaucoup de gens ignorent combien leur banque leur coûte chaque année. Qu'il s'agisse de frais de gestion de compte, de frais sur les cartes bancaires ou de services annexes, ces coûts peuvent rapidement atteindre plusieurs centaines d'euros par an. Pourtant, des solutions existent pour alléger cette charge. La concurrence entre les acteurs bancaires est de plus en plus forte, ce qui pousse les établissements à proposer des tarifs toujours plus attractifs. Les banques en ligne, par exemple, proposent des offres avec des frais beaucoup plus bas, voire inexistants pour les prestations de base. Si tu n'as pas une situation particulière qui justifie de payer ces frais (compte professionnel, crédit immobilier refusé par d'autres banques...), pourquoi continuer à payer pour des services que des alternatives en ligne proposent pour une fraction du coût, voire gratuitement ? Plusieurs banques en ligne françaises offrent des cartes bancaires sans frais, sans condition de revenu, et des comptes avec gestion 100 % numérique, sans frais de gestion. Il n'y a pas de manque de confiance à avoir : ce sont des filiales de grands groupes bancaires traditionnels que nous connaissons tous (Fortuneo est une filiale du groupe Crédit Mutuel Arkea, pour BoursoBank il s'agit de la Société Générale et Hello bank! est une marque de la BNP Paribas). Le changement te permettra non seulement de réduire tes frais fixes, mais aussi de mieux contrôler ton budget grâce à des outils plus ergonomiques de suivi en temps réel, avec un bonus de parrainage significatif à l'inscription. Il existe également plusieurs options de néobanques internationales (N26, Revolut, Trade Republic...), elles aussi 100 % numériques et très compétitives. Elles proposent des fonctionnalités innovantes pour le quotidien, mais pas forcément tout le panel bancaire complet (chèques, crédit, gestion patrimoniale...). Ainsi, elles ont à l'heure actuelle plutôt vocation à héberger des comptes secondaires.

De la même manière, pense à mettre régulièrement en concurrence tes contrats d'assurance, de mutuelle et de téléphonie, car dans ces domaines l'augmentation progressive et discrète des tarifs pour les clients anciens est la norme. Il y a toujours moins cher ailleurs pour ce genre de services, mais changer de contrat est pénible et chronophage : les professionnels du secteur le savent et en profitent bien.

Achète malin !

De manière générale, il existe de multiples façons d'acheter malin, et ce n'est pas toujours se contenter du prix le plus bas, mais plutôt l'idée d'adopter une stratégie qui maximise chaque euro dépensé pour te permettre d'économiser sur le long terme. Voici quelques pistes qui ont fait leurs preuves :

L'achat d'occasion

Pourquoi payer le prix fort quand on peut dénicher des trésors cachés ? La plupart des biens se trouvent sur les principales plateformes de vente entre particuliers : Leboncoin, Vinted ou Facebook Marketplace. Avec de la patience, quasiment tout se trouve. Tu peux notamment réaliser des économies substantielles en te meublant ou en t'habillant en seconde main.

Conseil de pro : prends bien le temps d'inspecter l'objet et négocie le prix !

Le cashback

Imagine récupérer un petit pourcentage de chaque achat effectué : c'est exactement ce que propose le *cashback*. Ce système est possible car les plateformes de *cashback* (comme iGraal, Poulpeo ou certaines banques en ligne) sont rémunérées par les commerçants pour leur avoir apporté un client. Une partie de cette commission t'est ensuite reversée sous forme de remboursement. Pense à l'utiliser pour des achats importants comme des billets de train ou d'avion : 5 % sur un achat de 200 euros te feront économiser 10 euros immédiatement. Sur l'année, ces économies s'additionnent et peuvent devenir intéressantes.

Les offres étudiantes

Si tu es étudiant ou jeune actif, fais le tour de toutes les réductions et avantages qui te sont réservés. De nombreuses enseignes, services de transport, lieux culturels ou abonnements te proposent des tarifs défiant toute concurrence. Indispensable !

Acheter de la qualité

La tentation du discount est forte, mais miser sur la qualité peut s'avérer avantageux sur plusieurs années. Les produits de qualité peuvent avoir un coût initial plus élevé, mais ils sont généralement plus durables et performants, ce qui limite les remplacements fréquents et les frais de maintenance. Par ailleurs, ils sont souvent accompagnés d'une meilleure garantie et d'un service après-vente efficace, réduisant ainsi les coûts imprévus. Pense donc en termes de coût total sur plusieurs années plutôt que de prix d'achat immédiat.

Si, par exemple, tu veux acheter une nouvelle paire de chaussures, tu as l'option d'en prendre une paire à 50 euros dans une enseigne de fast-fashion. Elles s'usent en 6 à 8 mois, deviennent inconfortables et finissent à la poubelle. En moyenne, tu rachètes 2 à 3 paires par an, soit 100 à 150 euros de budget annuel... sans parler de l'inconfort ou de l'aspect négligé avec le temps.

Sinon, tu peux investir 180 euros dans une bonne paire de chaussures en cuir cousues, que tu pourras faire ressemeler si besoin pour quelques dizaines d'euros. Avec un entretien de base, ces chaussures peuvent durer 10 à 15 ans.

Bilan : sur 10 ans, tu auras dépensé environ 260 euros pour la paire de qualité (avec deux ressemelages), contre 900 à 1 200 euros pour les chaussures bas de gamme. Et au passage, tu as gagné en confort, en impact écologique, en temps (pas besoin d'en racheter tous les 6 mois). C'est un achat intelligent, rentable et durable !

Évite les achats impulsifs

On vient d'évoquer tout un tas de dépenses récurrentes qui peuvent grever ton budget, mais qui ont le mérite d'avoir un effet assez prévisible. Ce n'est pas le cas des dépenses imprévues et impulsives qui peuvent être véritablement toxiques pour ta gestion financière. Elles se caractérisent par deux aspects : d'une part, leur montant peut être considérable et, d'autre part, elles sont facilement oubliées, alors même qu'elles entravent ta capacité d'épargne sur l'année.

Laisse-moi te partager mon astuce pour me prémunir de ce danger : quand j'ai envie d'acheter un bien pour le loisir, dépassant 2 % de mes revenus, je fais quelque chose de très simple.

Je ne l'achète pas.

C'est tout, je ne fais rien, je laisse passer quelques jours. Généralement, l'envie disparaît d'elle-même. Et si, au bout de quelques jours, l'envie est toujours là et que la dépense reste cohérente avec mon budget, alors je m'autorise à l'acheter. En d'autres termes, je m'efforce de ne jamais rien acheter « à chaud ». Ce stratagème a en fait une solide justification neurobiologique. Ce mécanisme repose en partie sur notre système de récompense. Lorsque l'on envisage un achat impulsif, notre cerveau anticipe une récompense et libère de la dopamine, un neurotransmetteur qui procure une sensation de plaisir immédiat. Cette montée de dopamine peut rendre l'achat presque irrésistible, nous poussant à céder à l'envie sans réflexion. Ce phénomène est particulièrement accentué dans un contexte de gratification instantanée, souvent renforcé par des stimuli marketing ou visuels.

Ainsi, dans ces moments-là, on ne réfléchit pas de manière posée. Prendre le temps de différer l'achat permet au niveau de dopamine de retomber, rendant l'envie moins intense et permettant d'évaluer plus rationnellement si la dépense est réellement pertinente. Cela épargne souvent des regrets par la suite tout en évitant de surconsommer !

RÈGLE D'OR #2

POUR ASSAINIR RAPIDEMENT TON BUDGET, COUPE DANS LES DÉPENSES AVANT D'ESSAYER D'AUGMENTER TES REVENUS.

Au final, adopter cette technique te permet de dépenser moins en sélectionnant les dépenses plaisir qui t'apporteront vraiment quelque chose, tout en ayant plus de budget pour tes loisirs préférés. C'est la meilleure technique que j'ai trouvée pour réfléchir à chaque dépense sans me gâcher la vie. Tu peux également mettre en perspective le prix de ces dépenses en les calculant en heures ou jours de travail afin de déterminer si elles valent vraiment le coup.

Si on sort du cadre strictement financier, on peut voir que chercher à épargner plus passe souvent par revoir ses modes de consommation vers des habitudes plus raisonnables et plus responsables. En général, les bons épargnants sont frugaux et minimalistes, ce qui favorise une meilleure maîtrise de son budget et un équilibre entre plaisir immédiat et objectifs à long terme.

3. APPRENDS À CONTOURNER LES PIÈGES PSYCHOLOGIQUES

Tout comme la perte de poids, l'épargne n'est pas juste une question de mathématiques : plusieurs recherches montrent que notre gestion de l'argent est influencée par des biais cognitifs, des traits de personnalité et des facteurs environnementaux qui nous poussent à dépenser plutôt qu'à économiser. Ce sont ces facteurs psychocognitifs qui expliquent pourquoi on échoue souvent à maintenir la balance entrées/sorties dans le vert ! Vivre en dessous de ses moyens est plus naturel pour certaines personnes que pour d'autres. Les recherches en psychologie de la personnalité montrent que des traits comme la conscienciosité sont fortement liés à des comportements financiers prudents : les personnes consciencieuses planifient davantage sur le long terme, gèrent rigoureusement leur budget et mettent en place des mécanismes d'épargne régulière[1]. À l'inverse, des individus plus spontanés et impulsifs sont généralement plus vulnérables face à de nombreux biais cognitifs. Ces biais expliquent en partie pourquoi beaucoup de personnes continuent de vivre au-dessus de leurs moyens, même lorsqu'elles savent rationnellement l'importance d'économiser pour leur avenir financier.

Être sensible aux biais cognitifs augmente le risque de prendre des décisions influencées par les émotions, le marketing et le fait de voir l'argent seulement comme un outil de plaisir social, plus que comme une ressource à gérer. Certains sont naturellement plus épargnants, d'autres plus dépensiers, mais ces tendances ne sont pas figées. Tout le monde peut apprendre à être un peu plus épargnant sans frustration en maîtrisant ses propres biais cognitifs, même si rien ne permet de les contrôler parfaitement. La première étape consiste déjà à admettre leur existence et à essayer de les repérer dans tes prises de décisions. En connaissant mieux ta personnalité et tes fonctionnements cognitifs, tu pourras durablement façonner des stratégies pour améliorer ta gestion financière. Par exemple, ceux qui sont moins enclins à la planification seront ceux qui bénéficieront le plus des outils de budgétisation qui simplifient le suivi des dépenses (comme le tableau de l'Éducation Financière Pour Tous, ou bien des applications mobiles).

Laisse-moi te présenter des stratégies concrètes pour contrer chaque biais cognitif.

Le biais de *statu quo*

« Pourquoi changer ma façon de gérer mon argent ? Ça marche assez bien comme ça, non ? »

C'est la préférence pour le maintien des habitudes actuelles, même si elles ne sont pas optimales sur le plan financier. Cela peut empêcher d'adopter de nouvelles stratégies d'économie, même quand il est évident que l'on dépense trop.

Stratégie 1 : faire un audit régulier de ses dépenses fixes

Le biais du *statu quo* est très fort sur les dépenses récurrentes, parce que justement elles ne nécessitent aucune action une fois mises en place. La seule solution est d'instaurer un rituel d'audit tous les ans. Reprends ton tableau de trésorerie et, pour chaque ligne, pose-toi ces trois questions : est-ce que je m'en sers vraiment ? Si je devais le reprendre aujourd'hui, est-ce que je le ferais ? Est-ce qu'il existe moins cher pour la même chose ? On a déjà évoqué les grands classiques à réévaluer régulièrement : les assurances, les forfaits mobiles, les abonnements et les comptes bancaires oubliés avec frais de tenue.

Stratégie 2 : créer une friction pour les mauvaises habitudes

Le biais du *statu quo* nous pousse à répéter les comportements délétères. Rendons donc les mauvaises décisions plus coûteuses cognitivement : tu peux supprimer les cartes bancaires enregistrées sur les sites comme Amazon, Uber Eats, Vinted, etc. Le simple fait de devoir saisir manuellement sa carte bancaire ajoute un temps de réflexion. Ensuite, désactive les notifications promotionnelles des applis de shopping, voire supprime les applications tout court, pour moins de tentations. Et enfin, adopte la règle des trois jours de réflexion avant d'acheter quoi que ce soit de non essentiel. Le simple fait d'attendre désactive l'émotion qui pousse à acheter de façon compulsive.

Le biais de disponibilité en mémoire

« En repensant aux économies que j'ai faites ces derniers jours, on voit bien que je maîtrise vraiment mon budget. »

C'est la tendance à se fier aux expériences récentes pour évaluer ses habitudes globales de consommation et de gestion financière, ce qui peut conduire à des estimations totalement erronées.

Stratégie : tenir un tableau de dépenses

Si tu as souvent l'impression que tu dépenses vraiment moins que ce que tu gagnes, mais que, à la fin de l'année, tu n'as rien mis de côté, focalise-toi sur ce biais ! Note régulièrement tes dépenses depuis tes extraits bancaires pour avoir une vision globale plutôt que de te fier à tes souvenirs récents, ou bien utilise une application qui répertorie tes dépenses. Remplis ensuite scrupuleusement le tableau de trésorerie qui, lui, te dira si tu es « bon » ou « mauvais » en gestion financière. Le simple fait de suivre ses dépenses amène à une baisse naturelle de la consommation (effet de vigilance budgétaire) !

Le biais de l'argent frais

« Je viens de toucher mon salaire, c'est le moment parfait pour me faire un petit plaisir ! »

C'est le fait de considérer que recevoir son salaire crée un surplus d'argent immédiatement disponible, incitant ainsi à le dépenser avant d'épargner, même si cet argent fait simplement partie de la même somme de ressources globales. Ce n'est pourtant pas une richesse instantanée !

Stratégie : se payer en premier

En te basant sur le tableau de trésorerie, tu peux décider à l'avance combien tu es capable d'économiser chaque mois. Fais l'effort de mettre de côté ce montant dès que tu reçois ton revenu, avant de penser aux dépenses. C'est comme si tu te payais en premier ! C'est une façon de te montrer que tu comptes, toi aussi, dans l'équation. Tu t'assures que ton travail profite aussi à tes projets, pas seulement à tes factures.

PLAN D'ACTION

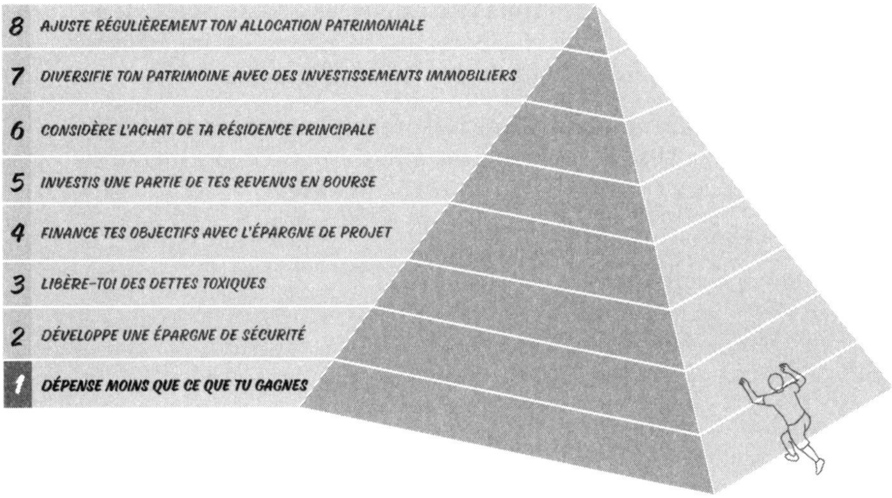

1. Télécharge et remplis le tableau de trésorerie avec les données du mois écoulé (revenus, dépenses fixes et variables). Rendez-vous dans l'onglet « Outils » sur www.leducationfinancierepourtous.fr.

2. Utilise le principe de Pareto pour repérer les 20 % des dépenses qui représentent 80 % des sorties d'argent (logement, énergie, alimentation, transports).

3. Instaure un « rituel d'audit » annuel pour passer en revue chaque dépense fixe et identifier d'éventuels gaspillages (abonnements oubliés, frais bancaires, etc.).

4. Paye-toi en premier. Dès réception de ton salaire, transfère le montant que tu souhaites épargner dans un compte dédié.

5. Réfléchis à chaque dépense importante en évaluant son rapport qualité/prix et en privilégiant l'occasion ou le reconditionné lorsque c'est possible.

6. Adopte la règle des trois jours pour les achats non essentiels et supprime les facilitateurs de dépenses impulsives (cartes enregistrées, notifications promotionnelles, etc.).

7. Mets à jour ton tableau de trésorerie pendant les prochains mois pour faire le point sur les effets de tes changements et analyser les écarts avec tes objectifs financiers.

Étape 2

DÉVELOPPE UNE ÉPARGNE DE SÉCURITÉ

Une fois que tu auras réussi à équilibrer ton budget pour créer une marge entre tes dépenses et tes revenus, tu peux t'attaquer à la deuxième étape de la pyramide : la constitution d'une petite épargne, et notamment d'une épargne de sécurité. Elle est fondamentale pour acter durablement ta sécurité financière.

Depuis les premières sociétés agricoles, la prudence a été valorisée dans la gestion des ressources. Constituer des réserves pour l'hiver ou pour les périodes de sécheresse était vital : la gestion rigoureuse des denrées alimentaires était le meilleur moyen d'éviter les famines. Cette sagesse ancestrale reste pleinement d'actualité dans un monde marqué par l'instabilité économique et les bouleversements climatiques.

1. POURQUOI L'ÉPARGNE DE SÉCURITÉ EST-ELLE INDISPENSABLE ?

L'épargne de sécurité – parfois appelée « épargne de précaution » –, ce sont des ressources financières facilement accessibles, destinées à faire face aux imprévus de la vie. Il s'agit de disposer d'un filet de sécurité financier, équivalent par exemple à 6 mois de dépenses courantes, qui permet de surmonter des situations temporaires de crise ou d'urgence sans avoir à recourir à des solutions d'endettement coûteuses.

Imagine une personne qui perd soudainement son emploi en milieu de carrière. Sans épargne de sécurité, elle pourrait être contrainte de recourir à des crédits ou de vendre ses biens pour couvrir son loyer, ses factures et ses besoins quotidiens. En revanche, quelqu'un qui dispose d'un fonds correspondant à quelques mois de dépenses aura le temps de retrouver un emploi, de se former ou d'envisager une reconversion professionnelle sans être immédiatement en situation de crise.

Tant que tu n'as pas un fonds d'urgence comme celui-là, tu restes précaire financièrement !

Cet aspect n'est pas seulement financier, mais aussi psychologique : avoir une réserve d'argent procure un sentiment de sécurité et permet de prendre des décisions plus réfléchies en période d'incertitude. Cette poche est intouchable, c'est la sérénité qui te permet de bien dormir la nuit parce que tu sais que, quoi qu'il arrive, tu peux couvrir les imprévus.

RÈGLE D'OR #3

GARDE QUELQUES MOIS DE DÉPENSES EN ÉPARGNE DE SÉCURITÉ ET N'Y TOUCHE PAS SAUF EN CAS DE PÉPIN.

La véritable réussite financière ne repose pas seulement sur la création de richesses, mais d'abord sur la capacité à se préserver des imprévus !

2. SI ELLE EST SI IMPORTANTE, POURQUOI EST-ELLE SOUVENT NÉGLIGÉE ?

Mettre de côté pour les mauvais jours est une recommandation bien ancrée dans nos habitudes françaises. On se souvient tous de l'image d'Épinal du paysan conservant précieusement quelques deniers sous son matelas, par précaution. Pourtant, malgré la sagesse de cette pratique, beaucoup continuent de l'abandonner au profit de dépenses immédiates. Comment expliquer que, même dans un contexte où l'épargne de sécurité apparaît comme un pilier de stabilité fondamental, nombreux sont ceux qui n'y adhèrent pas ? Comme nous l'avons vu dans l'étape précédente, notre comportement n'est pas toujours guidé par une logique économique rationnelle, mais bien par des mécanismes psychologiques profondément ancrés qui peuvent entraver notre capacité à créer et à conserver une épargne de sécurité.

Le premier symptôme de ces biais psychologiques, c'est la procrastination liée à l'optimisme.

Le biais d'optimisme

« L'année prochaine, tout sera plus simple, je pourrai toujours économiser quand les choses s'arrangeront ! »

Il s'agit de la tendance à surestimer ses perspectives financières futures et à sous-estimer les risques ou les besoins en épargne. Ce biais, bien ancré dans notre rapport au futur, peut inciter à dépenser en pensant que l'avenir sera toujours plus favorable.

Stratégie : analyse des pires scénarios

Faisons un petit exercice de restructuration cognitive. Pose-toi la question : « Qu'est-ce qui pourrait arriver de pire si je n'anticipe pas les imprévus financiers dans ma vie ? »

Quelles sont les urgences auxquelles tu pourrais faire face et qui doivent être anticipées pour te permettre de développer sereinement tes finances en parallèle ? Dresse une liste détaillée des pires scénarios envisageables. Par exemple, imagine non seulement ta perte de revenus, mais aussi la cascade de difficultés qui pourrait en découler : ta perte de stabilité financière, ton incapacité à couvrir tes dépenses fixes (loyer, factures), et même l'impact sur ta qualité de vie ou ta santé mentale. La visualisation est une étape puissante : imagine-toi confronté à ces imprévus sans réserve financière. En ressentant la tension émotionnelle et le stress associés à ces situations, tu peux mieux comprendre le coût réel du manque d'épargne. Plutôt que de rester prisonnier d'un pessimisme paralysant, utilise cette prise de conscience pour construire un récit où l'épargne se présente comme la clé d'une protection et d'une résilience personnelles.

Alors que l'optimisme nous pousse à remettre à demain des décisions cruciales, une autre tentation vient s'ajouter à ce déséquilibre : l'attrait de l'argent frais, qui nous incite à consommer immédiatement.

Approfondissement du biais de l'argent frais

On a évoqué ce biais dans l'étape précédente pour expliquer comment il peut freiner la constitution d'une épargne au profit d'une consommation immédiate de ton salaire. Reparlons-en car il est source d'une puissante dissonance cognitive. Dans le cas de l'épargne de sécurité, il existe, d'une part, la connaissance qu'économiser aujourd'hui permettra de faire face à des imprévus et de profiter d'un avenir plus serein, et, d'autre part, le désir immédiat de dépenser pour obtenir une satisfaction instantanée. Les expériences positives liées à des achats impulsifs, même minimes, peuvent se graver dans la mémoire et renforcer ce comportement. À l'inverse, les bénéfices d'une épargne solide restent abstraits et futurs, et ont donc moins d'impact émotionnel lors de la prise de décision.

Afin de se prémunir de toute tentation, l'argent frais doit être immédiatement maîtrisé *via* un virement programmé vers un compte épargne, afin de transformer cette illusion d'enrichissement en un véritable capital. Nous avons précédemment évoqué la stratégie consistant à instaurer un virement d'épargne dès réception de ton salaire. Allons plus loin : l'idéal est d'automatiser le processus jusqu'à réalisation de ton objectif d'épargne.

Stratégie : adopter le « nudge »

Le concept de nudge[2] peut être utilisé à bon escient ici. Il désigne l'ensemble des techniques qui, en modifiant subtilement l'environnement de décision, nous encouragent à adopter des comportements bénéfiques sans recourir à des contraintes explicites. Ces interventions contournent nos biais cognitifs et les limites de notre rationalité, en orientant nos choix sans les restreindre. Sur le plan neurocognitif, les nudges visent à réduire l'impact des circuits associés à la recherche de gratification immédiate, notamment ceux impliquant le système de récompense, tout en sollicitant les fonctions exécutives du cortex préfrontal, impliqué dans la planification, l'autorégulation et la prise de décision à long terme. Dans le cas de l'épargne, l'automatisation *via* des virements programmés vers un compte séparé permet de limiter les tentations immédiates et de soutenir des comportements plus alignés avec les objectifs financiers à long terme. Des études en économie comportementale démontrent que les nudges peuvent significativement améliorer la capacité à se constituer une épargne de sécurité en simplifiant le processus décisionnel et en ancrant des comportements d'épargne durables[3]. Le nudge n'est pas une simple lubie de psychologues : son efficacité prouvée est largement utilisée par les nouveaux acteurs FinTech. Les plans programmés d'investissement sont notamment devenus courants chez les néocourtiers en Bourse.

Le biais du sacrifice perçu

« Épargner me semble toujours froid et frustrant, comme si je sacrifiais quelque chose sans savoir si ça en vaudra la peine. »

Il s'agit de la tendance à percevoir l'épargne principalement comme une perte. Nous ne sommes pas dans un choix philosophique opposant la jouissance du présent à la promesse d'un avenir incertain. Non, le fait d'épargner pour sa sécurité n'est pas un choix.

C'est une nécessité. Mais, psychologiquement, ce geste est souvent vécu comme un sacrifice. Il devient donc impératif d'opérer un basculement cognitif : redéfinir l'épargne non pas comme une perte, mais comme un gain différé en qualité de vie, en sécurité mentale, en liberté d'action.

Stratégie : considère ton épargne comme une facture à payer

Traite ton épargne comme une charge fixe, au même titre que ton loyer, ton abonnement Internet ou ton assurance. En créant ce réflexe mental, tu réduis la douleur de l'acte d'épargner. Ce n'est plus une option soumise à l'arbitrage émotionnel, mais une composante normale et prévisible de ton budget. Parce que l'épargne de sécurité est bien plus qu'un simple montant mis de côté : c'est une stratégie de gestion du risque, un outil de résilience personnelle et familiale. Adopter cette pratique n'est donc pas seulement un acte financier rationnel, c'est aussi un investissement dans la tranquillité d'esprit et la pérennité de son projet de vie.

Une architecture mentale à repenser

On est parti du symptôme (le retard et la procrastination liés à l'optimisme) pour aboutir à une transformation de la perception de l'épargne : tu vois ainsi que ces biais ne sont pas indépendants, mais se renforcent mutuellement. Par exemple, l'optimisme peut exacerber l'attrait immédiat de l'argent frais, qui à son tour renforce le coût émotionnel de l'épargne en générant une frustration lorsque le plaisir immédiat est sacrifié. La dimension comportementale de l'épargne révèle une lutte quotidienne entre le désir de savourer l'instant présent et la nécessité d'investir dans son avenir. Comprendre cette dissonance cognitive permet non seulement d'identifier les obstacles internes à la constitution d'une épargne de sécurité, mais aussi d'envisager des solutions pratiques – comme l'automatisation des virements d'épargne – pour atténuer ce conflit.

3. QUEL MONTANT D'ÉPARGNE DE SÉCURITÉ VISER ?

Avant de constituer ton fonds de sécurité, il est essentiel d'avoir calculé précisément tes dépenses mensuelles grâce au tableau de trésorerie de l'étape 1. En effet, le bon moyen pour évaluer correctement son montant est de le proportionner en mois de dépenses habituelles. En moyenne, un bon repère à avoir est celui d'un fonds équivalent à au moins 4 à 6 mois de charges fixes. Par exemple, si tu dépenses en moyenne 1 000 euros par mois, un fonds de 5 000 euros te permettra de couvrir 5 mois sans aucun revenu.

Bien sûr, il faut adapter le montant à ton train de vie habituel, à ton statut professionnel et aux urgences auxquelles tu peux faire face. Si tu es étudiant, 2 000 ou 3 000 euros devraient largement suffire, inutile d'avoir un livret A plein ! En revanche, si tu es indépendant, avec de grosses charges comme une famille, des étudiants à financer, tu peux monter à quelques dizaines de milliers d'euros sans problème.

Je te propose de calculer approximativement le montant adapté à ta situation.

FOCUS → CALCUL DU MONTANT IDÉAL D'ÉPARGNE DE SÉCURITÉ

Tu peux utiliser ce questionnaire pour déterminer ta propre épargne de sécurité ou bien celle de ton foyer/couple si les gestions et les biens sont mis en commun.

Question 1 : dépenses mensuelles
Combien dépenses-tu (ou ton foyer/couple si les finances sont mises en commun) en un mois standard (en euros) ?

Ce montant servira de base pour le calcul.

Question 2 : statut professionnel
Dans ton foyer, quels sont les statuts professionnels actuels ? S'il y a plusieurs statuts différents, calcule le multiplicateur moyen (la somme des multiplicateurs concernés divisée par le nombre de statuts).

- Un étudiant → dépense mensuelle × 5
- Un salarié en CDI → dépense mensuelle × 4
- Un salarié en CDD → dépense mensuelle × 5
- Un freelance/indépendant → dépense mensuelle × 12
- Un retraité → dépense mensuelle × 6

Question 3 : immobilier
Y a-t-il des biens immobiliers possédés (résidence principale, secondaire, locatif) ?

- Oui → + 3 mois de dépenses par bien immobilier

Question 4 : enfants
Y a-t-il des enfants ?

- Oui → + 0,5 mois de dépenses par enfant

Question 5 : voitures
Y a-t-il une (ou des) voiture(s) ?

- Oui → + 0,5 mois de dépenses par véhicule

Question 6 : animal de compagnie
Y a-t-il un ou des animaux de compagnie qui peuvent générer des frais de vétérinaire significatifs (chiens, chats, lapins, furets, chevaux...) ?

- Oui → + 0,5 mois de dépenses par animal

Question 7 : autres situations à risque
Y a-t-il d'autres responsabilités ou engagements financiers pouvant affecter la stabilité (situation de santé particulière, responsabilité légale dans une société, véhicules coûteux type bateau ou avion, etc.) ?

- Oui → + 5 mois de dépenses (ou plus, à déterminer selon la nature de la responsabilité)

Exemples d'utilisation :

- *Un(e) étudiant(e) seul(e) qui dépense 800 euros par mois, locataire, sans enfants, ni voiture ou animal de compagnie. Multiplions ses dépenses mensuelles par 5 = 4 000 euros d'épargne de sécurité.*

- *Un couple marié et locataire qui dépense en moyenne 2 000 euros par mois. Il s'agit d'un salarié en CDI avec un indépendant : on utilise donc le facteur moyen (4 + 12) / 2 = 8, que l'on multiplie par 2 000 euros = 16 000 euros. Ils ont une voiture (+ 1 000 euros) et un enfant (+ 1 000 euros). Total = 20 000 euros d'épargne de sécurité.*

Peut-être qu'il te faudra beaucoup de temps pour rassembler ce montant, mais à chacun son rythme en fonction de ses possibilités. Ton épargne de sécurité est ta priorité financière à ce stade, donc épargne le plus possible jusqu'à avoir constitué ce fonds.

Nous ne sommes pas sur une étape binaire, mais évoluant par paliers : avoir constitué une épargne d'un mois de dépenses est un bel accomplissement intermédiaire et a déjà une implication concrète dans ta vie. Tu peux désormais faire face à un certain nombre d'imprévus !

Je te conseille de revoir périodiquement le montant accumulé à la lumière de l'évolution de tes dépenses et de ta situation, mais aussi du contexte économique. En période d'incertitude, augmenter temporairement la réserve peut être rassurant. De la même façon, si un jour tu as dû piocher dans ton fonds d'urgence, ta priorité est de le reconstituer avant toute autre chose !

4. SUR QUEL SUPPORT CONSERVER SON ÉPARGNE DE SÉCURITÉ ?

Maintenant qu'on a compris l'usage de ce fonds d'urgence, on peut en déduire les caractéristiques du support sur lequel on va le placer.

Il te faut un compte :

- très liquide – ton argent doit être en permanence disponible ;
- garanti et sans perte possible en capital – c'est de l'argent que tu ne peux pas perdre.

Mais alors, pourquoi ne pas tout simplement laisser l'épargne de sécurité sur ton compte courant ? Comme son nom l'indique, tu dois dans la mesure du possible limiter son utilisation à tes dépenses courantes, et éviter d'y stocker des liquidités. Comme il ne rapporte aucun intérêt, ton argent y perd de sa valeur tous les ans à cause de l'inflation : tu dois donc le limiter à l'argent qui a vocation à être dépensé rapidement.

FOCUS → COMPRENDRE L'INFLATION

C'est le phénomène de hausse généralisée et durable des prix des biens et des services dans une économie. Autrement dit, lorsque l'inflation s'installe, chaque unité monétaire (euros, dollars, etc.) perd progressivement de son pouvoir d'achat : ton billet de 50 euros te permet d'acheter moins de choses que l'an passé.

L'inflation s'exprime le plus souvent en un taux annuel. En 2024, celle-ci s'élevait à 2,0 %. Si ton compte courant contenait 10 000 euros en janvier 2024, en décembre, tu aurais un pouvoir d'achat réel diminué à 9 800 euros.

Plusieurs mécanismes peuvent expliquer un mouvement inflationniste :

- **La hausse de la demande :** lorsque la consommation excède l'offre disponible, les prix montent.

Exemple : au sortir du confinement dû à la COVID-19 en 2021, les ménages ont voulu rattraper des mois sans voyages, restaurants ou achats loisirs. Aux États-Unis, la demande de billets d'avion et de voitures neuves a explosé plus vite que l'offre et ce que les usines ne pouvaient produire, ce qui a fait bondir les prix des vols (+ 20 % sur l'année) et des véhicules (+ 10 % en moyenne).

- **La hausse des coûts :** quand le prix des intrants (matières premières, énergie, salaires) augmente, les entreprises répercutent ces hausses sur les prix finaux.

Exemple : à l'été 2008, le cours du baril de pétrole brut est passé de 100 dollars à presque 150 dollars en quelques mois. Les compagnies de transport et les industriels de la chimie ont répercuté cette flambée du coût de l'énergie sur le prix de l'essence, des plastiques et des engrais, entraînant une inflation globale de plus de 5 % dans de nombreux pays européens.

• **La création monétaire :** si les banques centrales injectent beaucoup de liquidités, cela peut réduire la valeur de la monnaie, ce qui se traduit par une hausse des prix.

Exemple : entre 2009 et 2012, la Banque centrale européenne a lancé plusieurs programmes de rachat massif de dettes publiques et privées (le fameux « quantitative easing *»), injectant plus de 2 000 milliards d'euros dans le système bancaire. En 2021-2022, la relance de ces injections post-COVID a contribué à alimenter l'inflation de la zone euro (jusqu'à 5,2 % en 2022, en France), car cette abondance de liquidités a encouragé davantage de prêts et de consommation. Cette nouvelle pression sur la production se répercute* in fine *sur les prix.*

Une inflation modérée (autour de 1 à 3 % par an) n'est pas une fatalité : elle traduit au contraire une économie en bonne santé, où prix et salaires évoluent de concert sans bloquer la production. En outre, elle incite ménages et entreprises à investir plutôt qu'à thésauriser, ce qui stimule la création d'emplois et l'innovation. Par ailleurs, une légère hausse des prix allège le poids des dettes à taux fixe et prévient les risques de déflation. Enfin, elle offre aux banques centrales la marge de manœuvre nécessaire pour abaisser les taux d'intérêt réels en cas de ralentissement, afin de stabiliser l'économie. À l'échelle individuelle, tu dois conserver ton épargne de sécurité sur un support qui compense approximativement l'inflation, car cette épargne est significative et peut donc franchement s'éroder lorsque les années s'écoulent.

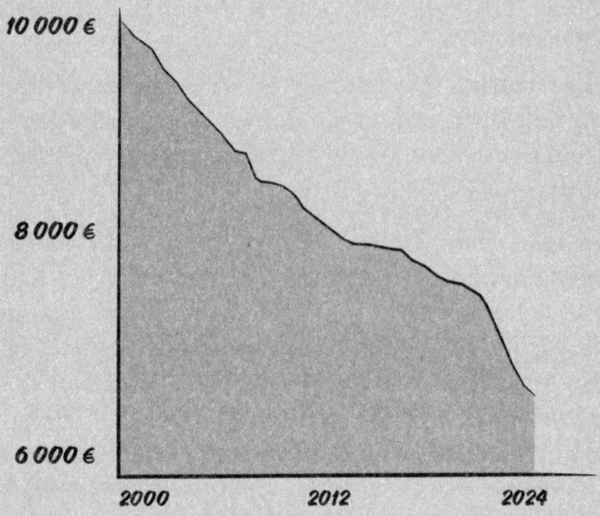

Perte de pouvoir d'achat d'une épargne de 10 000 euros entre 2000 et 2024

Cela signifie que 10 000 euros laissés sur un compte courant depuis l'an 2000 valent aujourd'hui environ 6 680 euros en pouvoir d'achat. Cela représente une perte de plus de 33 % sur 24 ans, uniquement à cause de l'inflation ! Autrement dit, un euro d'aujourd'hui n'a plus que les deux tiers du pouvoir d'achat d'un euro en l'an 2000. Voilà pourquoi laisser ton épargne de sécurité dormir sur un compte courant non rémunéré est une stratégie coûteuse à long terme !

En laissant ton épargne de sécurité sur ton compte courant, tu risques aussi de la dépenser avec un achat compulsif ou de la perdre si on te vole ta carte bleue. Pour toutes ces raisons, je te recommande de ne pas conserver plus d'un mois de revenus sur ton compte courant.

Je suis partisan de l'idée d'avoir un compte par but, et particulièrement en ce qui concerne ton épargne de sécurité, pour réussir à ne jamais piocher dedans sauf en cas d'urgence.

RÈGLE D'OR #4

TON ÉPARGNE DE SÉCURITÉ DOIT ÊTRE À PART, LIQUIDE, SANS RISQUE, GARANTIE, ET IDÉALEMENT COMPENSER L'INFLATION.

Les meilleurs supports à privilégier, ce sont les livrets réglementés par l'État. Ils sont conçus pour offrir à tous une épargne sécurisée, liquide et exonérée d'impôts. Ils présentent plusieurs caractéristiques avantageuses :

- Un taux fixé par décret, décidé par l'État, et publié régulièrement par la Banque de France, indépendant des politiques commerciales des banques.
- Une liquidité instantanée vers ton compte courant.
- Une fiscalité nulle : les intérêts générés sont exonérés d'impôt sur le revenu et de prélèvements sociaux. Les taux de rendement sont donc annoncés nets.
- Une garantie à 100 % des fonds. Toutes les sommes déposées sur ces livrets, bien que le solde soit affiché dans ta banque habituelle, sont transférées à la Caisse des dépôts et consignations (CDC), établissement public de la Banque de France,

détenu à 100 % par l'État. En cas de défaillance de ta banque, ce n'est pas elle qui te rembourse, mais directement la CDC : tu récupères la totalité de ton épargne, quel qu'en soit le montant.

Évidemment, il existe des contreparties, notamment la présence d'un plafond de dépôts, c'est-à-dire un montant maximal que tu peux y verser. En plus du taux de rendement, l'État fixe également leurs conditions d'accès, d'âge ou de revenus. Il faut notamment savoir que l'accès est limité à un livret par personne !

Le livret A

C'est le support d'épargne préféré des Français ; avec plus de 56 millions de comptes ouverts, on ne le présente plus ! Savais-tu qu'il est basé sur des prêts à long terme accordés aux bailleurs sociaux pour construire ou rénover des HLM, et aux collectivités pour financer des projets d'intérêt général ? C'est un placement très sûr, car adossé à de solides garanties publiques.

Son plafond est actuellement fixé à 22 950 euros par personne, ce qui laisse de la marge pour y placer son épargne de sécurité. Si tu devais approcher ce montant, il faut savoir qu'au-delà il n'est plus possible d'ajouter des fonds soi-même, mais les intérêts versés une fois par an (fin décembre) peuvent quand même s'accumuler et rester sur le compte. Quant au taux, il est révisé tous les 6 mois pour offrir un rendement adapté au contexte économique du moment. Il est parfaitement adapté pour l'épargne de sécurité, tout le monde devrait en avoir un !

Le livret de développement durable et solidaire

Très proche du précédent, il a pour objectif de financer pour partie des projets liés à la transition énergétique. Son taux est le même que celui du livret A, pour un plafond de 12 000 euros. Il est donc à voir comme une « prolongation » du livret A.

Le livret jeune

Destiné aux jeunes entre 12 et 26 ans, son taux est au moins équivalent à celui du livret A, mais il présente un plafond très bas de 1 600 euros qui vient fortement limiter sa pertinence.

Le livret d'épargne populaire

Le graal de l'épargne ! À la condition d'être fiscalement indépendant et d'avoir un revenu fiscal de référence sous certains plafonds (révisés chaque année), tu peux profiter d'un taux de rendement bien supérieur à celui des autres livrets réglementés. Il a été mis en place pour booster l'épargne des personnes plus précaires. C'est un livret encore méconnu par beaucoup… alors qu'il est l'un des meilleurs placements sûrs pour les personnes éligibles. Avec en plus un plafond intéressant de 10 000 euros, précipite-toi, car tu ne trouveras pas de meilleure option !

PLAN D'ACTION

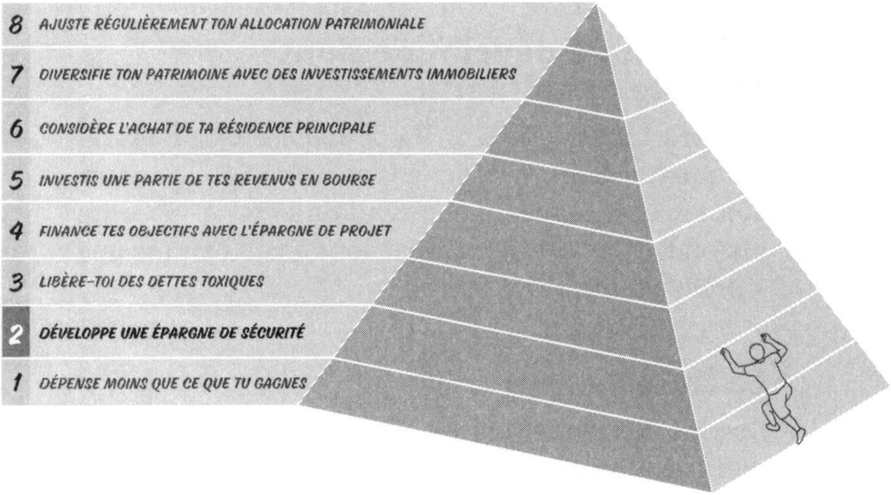

1. Calcule le montant d'épargne de sécurité dont tu as besoin pour couvrir une perte de revenus pendant plusieurs mois. Le montant est à affiner en fonction de ta situation professionnelle, familiale, matérielle.

2. Ouvre un livret réglementé destiné uniquement à la conservation de ton épargne de sécurité : livret d'épargne populaire, livret A, livret de développement durable et solidaire. Ce compte sera intouchable.

3. Automatise un virement d'épargne vers ce livret réglementé pour rassembler ce capital rapidement et sûrement. Le montant du virement doit être adapté à tes flux de trésorerie mensuels.

4. Revois régulièrement le montant de ton épargne de sécurité si ta situation évolue.

5. Si tu as dû piocher dans ton épargne de sécurité, **reconstitue-la le plus vite possible**.

Étape 3

LIBÈRE-TOI DES DETTES TOXIQUES

S'il y a bien un mot obscur, voire tabou, quand on parle d'argent, c'est la dette. La dette de la France, par exemple, cristallise les débats comme peu de sujets. Est-ce véritablement une épée de Damoclès qui trône au-dessus de nos têtes, ou bien un mécanisme bénéfique pour l'économie ?

1. QU'EST-CE QU'UNE DETTE ?

Si on revient à l'essentiel, la dette n'est qu'un outil financier parmi d'autres. Ni fondamentalement néfaste ni absolument bienfaisante, c'est surtout le contexte dans lequel elle est utilisée qui est déterminant.

La dette te permet de financer aujourd'hui un projet jusque-là inaccessible, avec de l'argent qui ne t'appartient pas. Évidemment, tu vas devoir rendre ce capital à ton créancier, qui a pour projet d'être rémunéré pour le service qu'il t'a rendu. Là où ça devient subtil, c'est que ces créanciers ont eu la bonne idée d'opacifier combien tu les payes vraiment, avec une rémunération affichée en taux d'intérêt. On va reparler de ce malin système.

Emprunter un capital te coûte donc de l'argent. Je ne vois du coup qu'une seule bonne raison de contracter un prêt : si ton projet à financer est lucratif. Si ton projet te rapporte plus que ce que te coûte ton prêt, tu es gagnant ! Une dette saine et utile pour toi, c'est une dette qui finance un bien ou un projet dont la valeur s'apprécie dans le temps, ou qui te rapportera des revenus. Autrement dit : un actif.

FOCUS → LES ACTIFS

Un actif, en termes comptables, c'est un bien ou un droit qui a une valeur économique positive et qui pourra générer des avantages futurs. Dit autrement, c'est quelque chose qui pourrait prendre de la valeur, rapporter de l'argent ou éviter des dépenses dans le futur. Les actifs peuvent être :

- **Tangibles :** un bien immobilier mis en location, un fonds de commerce, certains objets de valeur…
- **Financiers :** une participation dans une entreprise, des actions, des fonds de placement…
- **Immatériels :** un brevet, une licence, une compétence rare…

Acheter et posséder des actifs est le moyen le plus efficace et durable pour s'enrichir !

Si tu finances à crédit un actif, tu vas bénéficier plus tôt de ses avantages économiques que si tu avais attendu de rassembler le capital nécessaire pour l'acheter comptant. Dans ce cas, c'est une dette favorable pour toi !

RÈGLE D'OR #5

LE CRÉDIT N'A DE SENS QUE POUR FINANCER UN ACTIF QUI PREND DE LA VALEUR.

Le vrai piège, c'est de financer à crédit un bien qui va perdre en valeur dans le temps ou bien qui va régulièrement te coûter de l'argent : un passif. Dans ce cas, tu perds doublement ton argent : à la fois à cause du bien et à cause du coût du crédit. Un vrai investissement à l'envers ! Je ne vois honnêtement pas de meilleur moyen d'entraver ta vie et ton épanouissement financier.

FOCUS → LES PASSIFS

Un passif, en termes comptables, représente tout ce qui a une valeur économique négative. Il peut prendre deux formes :

- **Un passif tangible qui perd de la valeur dans le temps ou qui engendre des coûts d'entretien récurrents non compensés :** une voiture (surtout neuve), un téléphone haut de gamme...
- **Un passif immatériel :** un abonnement (salle de sport...), une charge fixe (électricité, loyer, courses alimentaires), un crédit à la consommation, les agios d'un découvert bancaire...

Les passifs dans notre vie sont pour la plupart utiles, voire essentiels, dans notre quotidien. Il n'est pas question de faire une croix dessus, mais savoir les identifier va t'aider à assainir ta gestion financière (et éventuellement ta vie matérielle). Peut-être regarderas-tu différemment cet achat plaisir, qui finalement ne te satisfait pas tant que ça ?

Moins tu accumules de passifs, plus tu as de marge pour investir dans des actifs qui peuvent t'enrichir !

La dette est donc un outil à utiliser avec précaution : elle va orienter ta vie financière, vers le bas si tu finances un passif, vers le haut si tu finances un actif. On va reparler de la bonne dette un peu plus tard dans ce livre. À ce stade de ta vie financière, tu vises la sécurité et l'émancipation : après avoir rassemblé ton épargne de sécurité, tu dois tout faire pour te débarrasser de tes dettes contractées pour des passifs, si tu en as.

2. LE PIÈGE DES CRÉDITS À LA CONSOMMATION

Malheureusement, notre société matérialiste a trouvé le moyen d'alimenter la roue de la consommation et de la croissance économique en permettant aux individus de financer leur mode de vie avec de l'argent qu'ils n'ont pas encore. C'est un mécanisme fondamental du capitalisme moderne. Le crédit pour des passifs, qui auparavant n'était souvent qu'une option de dernier recours avant la faillite personnelle, a été démocratisé et normalisé dans nos modes de vie européens. Il suffit de se rendre sur n'importe quel site de e-commerce pour s'en rendre compte : l'option « payer en plusieurs fois » est d'emblée proposée. Des entreprises comme Klarna, Scalapay ou Alma rendent le paiement fractionné ultra-accessible, même pour des achats modestes. Cela peut masquer le fait qu'il s'agit bien d'un crédit à la consommation, avec parfois des frais cachés ou des pénalités en cas de retard.

Au début des années 2000, l'achat de voitures par les particuliers en France se faisait majoritairement au comptant ou bien *via* un crédit. Les formules de location étaient peu répandues à l'époque. Depuis, les mentalités ont évolué, l'usage prime sur la propriété, surtout chez les jeunes générations. Actuellement, deux tiers des voitures neuves adoptées par les particuliers le sont *via* une formule de location (LLD ou LOA). Même si, techniquement, ce n'est pas un crédit à la consommation au sens strict, la LOA et la LLD reviennent à payer pour l'usage d'un bien sans en être propriétaire, en contrepartie de paiements mensuels. Ça ressemble beaucoup à un modèle d'endettement permanent : on paye une mensualité sans jamais vraiment posséder la voiture, et on renouvelle le contrat au bout de 3 ou 4 ans. Cela reflète une normalisation des paiements fractionnés et une transition vers une économie où l'on finance son mode de vie *via* des mensualités. Cette transition, très bénéfique pour la macroéconomie, est particulièrement nocive pour ton portefeuille.

Je t'encourage à adopter une logique d'achat des passifs avec ton propre argent plutôt qu'avec de l'argent emprunté. Je comprends que d'aucuns justifient le financement de passifs à crédit pour accéder à certaines expériences sinon hors de portée, par exemple, un voyage pour étendre leurs horizons. Mais d'un point de vue économique, c'est un vrai non-sens, qui peut coûter cher !

3. LE VRAI COÛT DU CRÉDIT

Pour le comprendre, apprenons ensemble à déterminer le vrai coût d'un crédit.

Le chiffre clé, c'est le taux d'intérêt. Il est le plus souvent fixé à l'avance, et est représenté sous la forme d'un pourcentage. Mais attention, contrairement à la fameuse idée reçue, ce pourcentage n'est pas la somme que tu vas devoir rembourser en plus du capital emprunté ! En réalité, le crédit te coûte beaucoup plus cher que ça.

Imaginons que tu souhaites refaire toute ta cuisine, mais que tu n'as pas encore les fonds nécessaires. Tu hésites à contracter un prêt de 20 000 euros sur 5 ans, à 3 % de taux d'intérêt. Avant de signer, sais-tu comment calculer le coût de ce crédit ? Malheureusement, il n'est certainement pas 3 % de 20 000 euros, soit 600 euros. En fait, le taux d'intérêt ne s'applique pas une fois, mais chaque mois sur le capital restant à payer. Pour le déterminer, convertissons d'abord notre taux annuel en taux mensuel :

3 % annuels / 12 = 0,25 % mensuels.

Voilà qui est plus lisible !

Tous les mois, tu dois payer 0,25 % du capital restant dû. Le premier mois tu as encore 20 000 euros à rembourser, tu dois donc verser 0,25 % × 20 000 euros = 50 euros d'intérêts.

La part d'intérêts dans ta mensualité de remboursement diminuera chaque mois, car ils sont calculés chaque mois sur le capital restant. Par exemple, au bout de deux ans et demi, la part d'intérêts est de 26 euros, car tu ne dois encore rembourser que 10 300 euros.

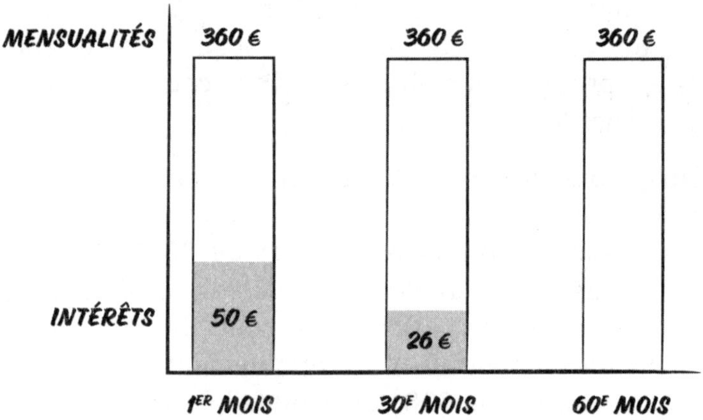

Montant des intérêts mensuels payés pour un prêt de 20 000 euros sur 5 ans à 3 % d'intérêt

Si on fait le total des intérêts sur 5 ans, tu devras verser 1 560 euros. Tu pensais payer 3 % de la somme empruntée ? Raté : là, c'est 8 % ! À première vue, le taux d'intérêt de 3 % paraît faible et il est tentant de penser que tu ne payeras qu'un petit supplément sur la somme empruntée. On est en fait très facilement berné par un biais d'ancrage, qui est la difficulté que l'on a de se défaire de sa première impression. Sois bien conscient que, derrière ce taux unique, il y a son mode de calcul basé sur l'amortissement et l'accumulation des intérêts, à l'origine d'un effet cumulatif ! Pour contrer ce biais, il est essentiel de regarder au-delà du taux affiché et d'utiliser des outils de simulation pour calculer le coût total du crédit sur toute la durée du prêt.

Si tu te prêtes à ce jeu, tu vas vite t'apercevoir que le coût du crédit est d'abord directement lié à son taux d'intérêt : pour le même crédit travaux qui nous a servi d'exemple, les intérêts grimpent à 5 300 euros si tu empruntes à un taux de 10 % !

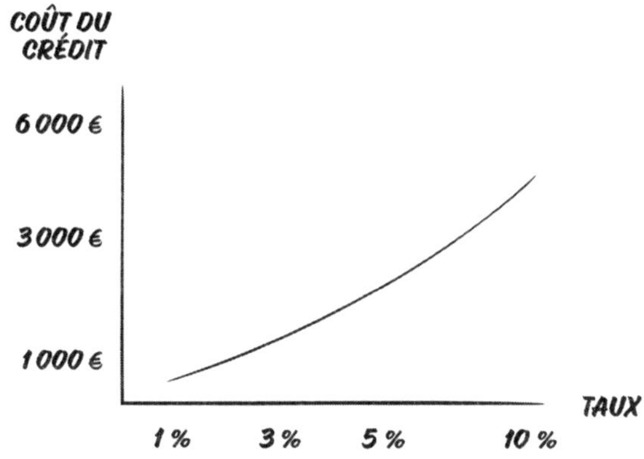

Montant des intérêts payés pour un prêt de 20 000 euros sur 5 ans en fonction du taux d'intérêt

Le taux d'intérêt dépend du contexte économique global, mais aussi de la nature de ton projet : si tu empruntes une forte somme par rapport à ton patrimoine, ou pour un passif, le taux va grimper car le créancier prend un risque plus important à te prêter cet argent.

Ce que tu peux moduler plus facilement, c'est la durée de remboursement, qui va jouer un grand rôle dans le montant total des intérêts. Bien sûr, plus tu allonges un crédit, plus tu as de mensualités, donc plus tu diminues leur montant. En revanche, tu donnes plus de mensualités à ton créancier sur lesquelles il peut ponctionner des intérêts. Plus un crédit est long, plus il est cher !

Reprenons notre exemple du prêt de 20 000 euros à 3 % d'intérêt, et regardons à combien s'élèvent les intérêts si le prêt est étalé sur 2, 5, 10 ou 20 ans :

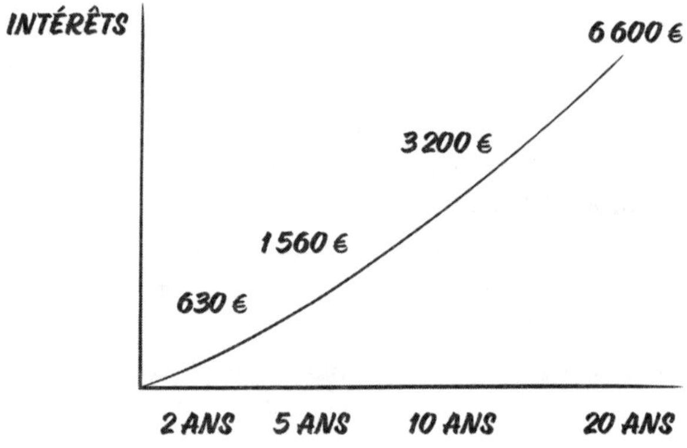

Montant des intérêts payés pour un prêt de 20 000 euros à un taux de 3 % en fonction de la durée d'emprunt

Avec notre exemple, on se rend compte que le coût d'un crédit croît de façon quasi exponentielle lorsqu'on augmente le taux ou la durée de remboursement. Voyons le bon côté des choses : en accélérant le remboursement d'un crédit, tu économises sur les intérêts !

4. LA STRATÉGIE POUR SE DÉBARRASSER DES DETTES TOXIQUES

Si tu es actuellement bloqué avec plusieurs crédits sur les bras (crédit auto, crédit à la consommation...), il est temps de t'en occuper. À ce stade, tu as déjà constitué ton épargne de précaution, ce qui évite de replonger dans l'endettement au moindre imprévu. Le prochain objectif, c'est d'alléger ton budget en remboursant en priorité les dettes les plus coûteuses. On entend parfois qu'il suffit de comparer le taux d'un crédit (par exemple 4 %) avec le rendement de son épargne (disons 2 %) pour décider s'il vaut mieux rembourser le crédit ou continuer à épargner. Le fond de la pensée est bon, mais attention, ce n'est pas aussi simple : les intérêts d'un prêt sont dégressifs (car on rembourse le capital), alors que l'épargne, elle, produit des intérêts sur la totalité du capital conservé. Bref, on ne compare pas la même chose.

En revanche, ce qui est sûr, c'est que rembourser une dette pour un passif est une forme d'investissement sans risque : chaque euro de dette remboursé t'évite des frais futurs garantis.

Le plus judicieux est donc de prioriser le remboursement des dettes les plus coûteuses, qui ne sont pas forcément celles avec les mensualités les plus élevées, mais celles avec les taux d'intérêt les plus forts.

En pratique, voici la méthode : fais la liste de tous tes crédits, et trie-les par taux d'intérêt décroissant. Continue à rembourser les mensualités minimales sur tous tes prêts, mais accélère le remboursement de ceux avec les taux les plus élevés. Concentre tes efforts d'économie là-dessus.

Tu n'as pas travaillé à dégager un excédent budgétaire pour continuer à nourrir des prêts coûteux. Ta priorité maintenant, c'est de les liquider !

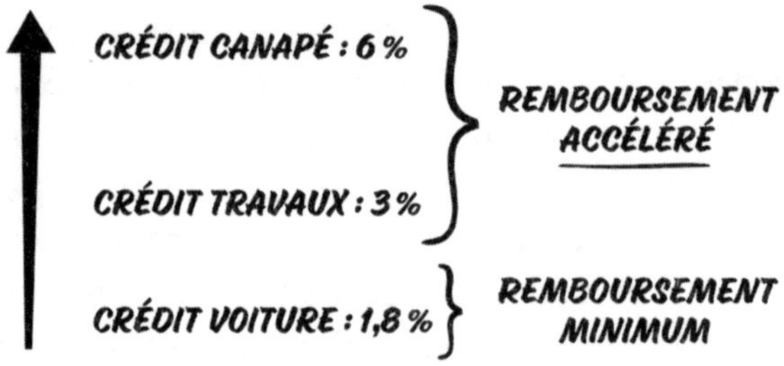

La stratégie efficace : rembourser en accéléré les dettes aux taux les plus élevés

Qu'importe que cela te prenne 3 mois ou plusieurs années, c'est le meilleur moyen de progresser, et ces premières réussites te motiveront à balayer les crédits suivants.

RÈGLE D'OR #6

SI TU AS DES CRÉDITS POUR DES PASSIFS, COMMENCE PAR REMBOURSER CEUX AU TAUX LE PLUS ÉLEVÉ.

Se débarrasser de toute dette pour des passifs est non seulement le véritable point de départ de ton enrichissement, mais surtout le meilleur moyen financier d'accroître ton bien-être. Mentionnons un avantage pertinent pour la suite : en liquidant tes dettes pour des passifs, tu augmentes ta capacité d'endettement pour ta résidence principale ou des investissements. Nous mettrons cet accomplissement à bon usage dans un prochain chapitre !

PLAN D'ACTION

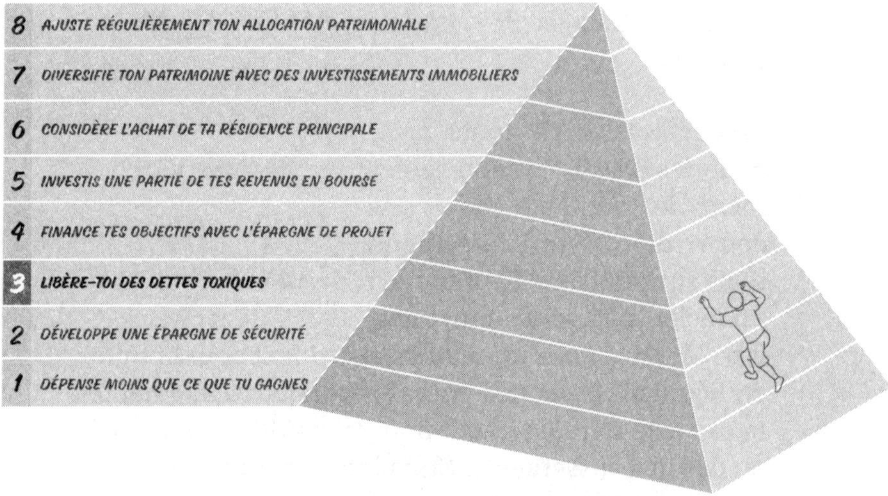

1. Identifie tes dettes : distingue celles qui financent un actif (bonne dette) et celles qui financent un passif (dette toxique).

2. Liste et classe tes crédits toxiques : trie-les par taux d'intérêt du plus élevé au plus bas.

3. Rembourse en priorité les plus coûteux : maintiens les mensualités minimales sur les crédits à faible taux et concentre tes efforts sur ceux qui te coûtent le plus cher.

4. Ne contracte pas de nouvelles dettes toxiques : une fois libéré, ne retombe pas dans le piège du crédit pour des passifs.

Étape 4

FINANCE TES OBJECTIFS AVEC L'ÉPARGNE DE PROJET

À ce stade, tu as déjà franchi de grosses étapes : tu mets de côté de l'argent, tu as constitué une épargne qui te met à l'abri des imprévus et tu as commencé à éponger tes dettes toxiques. Autrement dit, tu as assuré ta sécurité financière élémentaire. Voilà enfin arrivé le moment où tu peux personnaliser ton parcours et donner du sens à chacun de tes choix financiers.

La clé maintenant est d'anticiper tes projets coûteux à court et moyen terme, afin de pouvoir diriger tes flux financiers vers ce qui compte vraiment pour toi. J'entends trop souvent des histoires d'investisseurs qui suivent des conseils universels, parfois bons sur le papier, mais inadaptés à leur situation personnelle. Je pense notamment à un ami qui rêvait d'acheter un van aménagé pour voyager à travers l'Europe. Il avait lu partout qu'un investissement en Bourse était la meilleure chose à faire en étant jeune, alors il y a mis quasiment toutes ses économies, en pensant bien faire. Sauf qu'un an plus tard, quand il est tombé sur le van de ses rêves, il a dû vendre ses actions en urgence, en pleine baisse de marché. Résultat : il a perdu de l'argent, il était frustré, et il a eu l'impression d'avoir été trahi par l'investissement.

Ce qu'il a raté, c'est ce qu'on appelle aujourd'hui le « *goal-based investing* » ou, en français : l'investissement orienté vers des objectifs. L'idée est née aux États-Unis au début des années 2000, en réponse aux limites de l'approche de gestion de patrimoine classique qui se focalise uniquement sur la performance financière. Le principe est simple : au lieu de gérer ton argent de manière indifférenciée, tu le répartis selon des objectifs de vie précis : achat immobilier, études des enfants, mariage, année sabbatique... À chaque objectif, tu associes un montant à atteindre, un horizon temporel et donc un niveau de risque acceptable. Tu choisis ensuite tes placements en fonction de ces paramètres, et non l'inverse. C'est une vraie révolution mentale. Le but n'est plus simplement de faire fructifier ton capital, mais de l'aligner avec ce que tu veux vraiment accomplir. L'épargne cesse d'être une contrainte abstraite pour devenir un levier d'action concret. Tes finances doivent d'abord et avant tout être au service de ta vie. Pas l'inverse !

1. QUELS SONT TES PROJETS POUR LES 5 PROCHAINES ANNÉES ?

Quels sont les points de dépenses majeurs à venir à court terme ? Les investissements que tu dois ou veux réaliser ? Entendons-nous : par « court terme », je parle ici des 5 prochaines années. Ça peut être un voyage, l'achat d'une voiture, un mariage ou bien un projet plus important, tel qu'un apport immobilier ou des fonds pour une création d'entreprise.

RÈGLE D'OR #7

TES GROS PROJETS À VENIR DOIVENT ÊTRE PRÉPARÉS AVEC UNE ÉPARGNE DISPONIBLE ET PEU RISQUÉE.

Ce genre de projets nécessite plusieurs milliers à dizaines de milliers d'euros : il semble naturel de savoir à l'avance dans quelle poche tu chercheras le capital nécessaire, non ? Avoir une enveloppe bien distincte dans ton patrimoine dédiée à financer tes projets à court terme est essentiel, idéalement même un compte par projet. C'est l'épargne de projet, consacrée à tout ce qui est prévu, contrairement à ton épargne de sécurité. À terme, avoir cette épargne constituée te permettra d'utiliser ailleurs tes autres ressources financières sans craindre de compromettre le projet à venir.

Pour réaliser un projet, détermine déjà précisément combien tu dois mettre de côté au total, ainsi que ton objectif d'épargne mensuelle pour atteindre ce montant. De la même manière que pour l'épargne de sécurité, détermine en fonction de tes flux de trésorerie combien tu peux raisonnablement mettre de côté chaque mois, tout en gardant une marge en cas d'imprévus. Imaginons que tu planifies un voyage qui coûte 2 000 euros pour l'été prochain, et que tu constates, dans le tableau de trésorerie, une différence moyenne entre tes revenus et tes dépenses de 400 euros. Tu peux mettre en place un virement automatique de 200 euros à partir du mois de septembre, ce qui te permettra de compléter ton objectif en 10 mois, juste à temps ! 200 euros par mois, ça peut partir très vite dans des achats compulsifs, qui ne t'épanouiront certainement pas autant que ce voyage qui te fait rêver.

L'important est d'avoir bien en tête ton objectif mensuel. Cela peut sembler évident, mais la plupart des gens ne fonctionnent pas de cette manière. Le comportement naturel consiste généralement à épargner ce qu'il reste à la fin du mois, sans chiffres précis en tête. Les échanges avec les auditeurs du podcast m'ont confirmé que cela ne menait souvent pas bien loin. L'objectif chiffré est essentiel pour rendre ton projet plus concret et lui donner plus de chances de se réaliser !

2. ÉVITE LES BIAIS COGNITIFS NUISIBLES POUR TON ÉPARGNE

Il est important de mettre en avant tes propres objectifs dès le début de ton parcours financier, afin de ne pas tomber dans le piège de la conformité sociale. Extrêmement répandu, ce biais nous pousse à calquer nos comportements financiers sur ceux de notre entourage, qu'il s'agisse de collègues, d'amis ou d'influenceurs, en considérant comme normaux des choix qui ne servent pas nécessairement nos véritables projets. Si tout le monde autour de toi semble dépenser sans compter pour vivre des expériences, le risque est de céder à cette dynamique, même si cela nuit à l'épargne pour les objectifs qui comptent réellement pour toi. Valorise avant tout tes propres ambitions et compare tes décisions financières à tes références personnelles, plutôt qu'aux normes sociales ambiantes. T'entourer de personnes qui partagent des objectifs d'épargne et de vie planifiés peut d'ailleurs t'apporter un vrai coup de pouce dans cette direction !

Utilise l'effet de cadrage à ton avantage

L'effet de cadrage consiste à présenter une même réalité sous un angle qui change notre perception. En ce qui concerne l'épargne de projet, un même montant peut être perçu comme une contrainte ou comme un investissement, selon la façon dont il est présenté.

Exemple de cadrage négatif : « Je ne pourrai pas sortir ce week-end si je mets ces 100 euros de côté. »

Exemple de cadrage positif : « En économisant ces 100 euros aujourd'hui, je me rapproche de l'objectif de 5 000 euros pour mon voyage au Japon. »

Pour contrer ce biais, il suffit de reprogrammer sa façon de penser en associant chaque somme économisée à un objectif clair et motivant.

Astuce pratique : crée un tracker visuel (un graphique, une barre de progression qui montrent l'accumulation d'épargne au fil du temps ou un calendrier) et associe chaque palier atteint à une photo ou à une courte note sur ton projet. Ce petit rituel transforme l'effort d'épargne en une victoire mensuelle. Tu construiras progressivement un récit personnel cohérent qui te permettra de devancer la dissonance cognitive dont on a parlé précédemment et donc de voir cette épargne comme un gain plutôt qu'une privation.

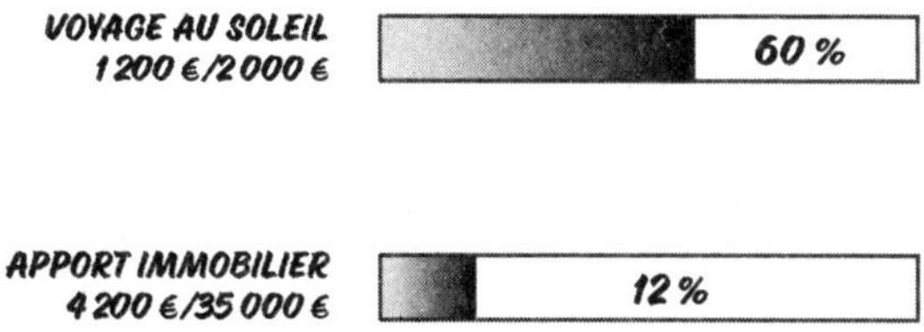

Exemple de tracker visuel que tu peux réaliser très facilement sur Microsoft Excel ou Google Sheets

3. SUR QUEL SUPPORT CONSERVER SON ÉPARGNE DE PROJET ?

Encore une fois, un compte par objectif ! Pour conserver une épargne de projet pour moins de 5 ans, il te faut un support non ou peu risqué, avec un rendement proche de l'inflation et une bonne liquidité. Afin de réunir ces conditions, les organismes qui proposent ce genre de placement utilisent des produits sous-jacents peu risqués pour placer ton argent, en le prêtant par exemple à l'État ou à des entreprises *via* des obligations.

FOCUS → QU'EST-CE QU'UNE OBLIGATION ?

Une obligation est un titre matérialisant un prêt consenti par un investisseur (le prêteur) à un émetteur (État, entreprise, collectivité). Cet émetteur s'engage à :

- rembourser le capital à terme de l'échéance fixée (par exemple 5, 10, 30 ans) ;

- payer des intérêts périodiques (coupons), généralement annuels ou semestriels, exprimés en pourcentage de la valeur initiale de l'obligation.

Contrairement à l'action, l'obligation ne confère pas de droit de propriété, mais un droit de créance. Cotés en Bourse, ces titres peuvent être revendus avant maturité, à un cours variable.

Le rendement global d'une obligation intègre ainsi plusieurs facteurs :

1. **Les intérêts annuels fixés au départ** (coupon).

2. **L'évaluation du risque de crédit** (probabilité de défaut de l'émetteur, estimée par une notation, par exemple « AA » pour l'État français).

3. **La durée résiduelle :** plus l'échéance est lointaine, plus le rendement exigé est élevé pour compenser un risque de défaut prolongé.

4. **Le prix d'émission et le cours de marché :** selon l'évolution des taux d'intérêt, le prix initial peut varier. Voyons de quelles façons :

a) Si les taux montent, les obligations anciennes (à taux plus faibles) deviennent moins attractives et voient leur cours baisser.

b) Si les taux baissent, ces mêmes obligations gagnent en valeur, car leur coupon fixe devient plus avantageux.

Stratégie : privilégier les échéances courtes en cas de prévision de hausse des taux, et les échéances longues si l'on prévoit une baisse, afin de « fixer » un taux attractif plus longtemps.

Dans les grandes familles d'obligations, on retrouve :

- **Les obligations d'État** (OAT – obligations assimilables du Trésor)

Référence souveraine du marché français, à maturités diverses (2 à 50 ans).

Risque principal : risque de taux (baisse de la valeur si les nouveaux taux sont supérieurs).

- **Les obligations d'entreprise**

Émises par des sociétés privées ou publiques (EDF, Orange, SNCF, etc.).

Risque de crédit supérieur à celui des États : en cas de difficultés financières de l'entreprise, le remboursement peut être compromis.

Rendement généralement plus élevé pour compenser ce risque ; les titres de meilleure qualité offrent un coupon souvent inférieur à l'inflation, tandis que les plus risqués cherchent à la surperformer.

Points clés :

Les obligations procurent des revenus stables *via* les coupons et contribuent à la préservation du capital. Elles sont moins volatiles que les actions, mais offrent un rendement moyen plus modeste. Sur le marché français, les OAT garantissent la référence souveraine, tandis que les emprunts d'entreprise accentuent le rendement, moyennant un risque de crédit. Bien calibrées en durée et en qualité de crédit, elles assurent stabilité et diversification aux investisseurs.

Les livrets réglementés

Les livrets bancaires réglementés que l'on a évoqués précédemment se fondent principalement sur les obligations pour établir leur rendement et leur sécurité. Si tu n'utilises pas déjà un livret A, un livret de développement durable et solidaire ou, mieux, un livret d'épargne populaire, mets-les à profit pour stocker ton épargne de projet : ces livrets réglementés sont la meilleure option pour conserver simplement mais efficacement une épargne de projet.

Les livrets fiscalisés

Si tu as besoin de conserver une somme qui dépasse les plafonds des livrets réglementés, les livrets fiscalisés sont une option qui te sera très souvent présentée en publicité, avec des rendements très attractifs, parfois boostés pendant les premiers mois, mais suivis d'un petit astérisque lourd de conséquences. Ils sont proposés par toutes les banques, en général sans plafond de montant ; les fonds sont disponibles à tout moment et ils sont garantis par l'État *via* le Fonds de Garantie des Dépôts et de Résolution à hauteur de 100 000 euros maximum par personne et par établissement. Les conditions de rémunération sont souvent plus attractives que les livrets réglementés, mais le hic est qu'elles seront, cette fois, assujetties à la fiscalité ! Les intérêts sont soumis à l'impôt sur le revenu selon ton taux d'imposition au barème progressif, auquel il faut rajouter les prélèvements sociaux de 17,2 %, ou par prélèvement forfaitaire unique de 30 % si c'est plus intéressant pour toi. Je suis assez sceptique sur l'intérêt de ces livrets, qui affichent des rendements nets réels inférieurs aux livrets réglementés. Si tu souhaites stocker un capital important dépassant le plafond des livrets réglementés, tu as d'autres options plus intéressantes, comme les fonds euros.

Les fonds euros

Les fonds euros peuvent être retrouvés sur les assurances-vie, les contrats de capitalisation et les plans d'épargne retraite. Ils sont majoritairement investis en obligations souveraines et d'entreprises (pour sécuriser le capital), avec une part minoritaire d'actions ou d'immobilier (pour accroître le rendement). La poche risquée (actions, immobilier) reste limitée (généralement 10 % à 30 % maximum) pour préserver la garantie du capital. Il n'y a aucun plafond de montant et ton épargne est couverte jusqu'à

70 000 euros par assuré et par compagnie d'assurances. Sur une assurance-vie, tu as une liquidité quasi immédiate de tes fonds et tu vas bénéficier, après 8 ans de détention, de l'avantage fiscal qui te permettra d'appliquer un abattement sur tes plus-values et, globalement, d'avoir une fiscalité bien réduite.

En 2024, le rendement moyen des fonds euros des contrats français se situait autour de 2,5 % net de frais de gestion (hors prélèvements sociaux). Mais, historiquement, les intérêts sont souvent supérieurs aux livrets réglementés, même après fiscalité ! Chaque début d'année, les intérêts crédités s'ajoutent définitivement au capital garanti et produisent eux-mêmes des intérêts l'année suivante. En définitive, le fonds euros est une option intéressante pour rassembler des sommes importantes pour un projet comme un apport immobilier, en complément des livrets bancaires réglementés.

Les fonds monétaires

Tu as une autre option pertinente pour sécuriser ton épargne : les fonds monétaires. Beaucoup moins connus que les fonds euros, ils proposent un rendement similaire au taux de prêt directeur de la Banque centrale européenne, en investissant dans des obligations de qualité et à court terme. Attention, leur rendement n'est pas garanti, mais le risque est extrêmement faible. Tu peux en acheter des parts, dont le prix va fluctuer en fonction du marché, et les revendre instantanément car la liquidité est excellente. Ils se distinguent des fonds euros par leur plus grande réactivité aux taux directeurs de l'économie, les fonds euros s'ajustant, eux, à l'échelle annuelle. Mais ils ont tout de même une certaine inertie qui laisse, par exemple, le temps de les vendre si les taux directeurs européens baissent. Tu peux les retrouver dans les comptes-titres ordinaires, les plans d'épargne en actions (PEA) et certaines assurances-vie ou plans d'épargne retraite. Niveau fiscalité, les gains sont soumis à l'impôt sur le revenu et aux prélèvements sociaux, selon les modalités du type d'enveloppe dans lequel tu as logé tes parts. Sur un PEA de plus de 5 ans, par exemple, tu ne payeras que les prélèvements sociaux de 17,2 %.

On voit qu'ils se rapprochent beaucoup des fonds euros en matière d'usage et de pertinence, la vraie différence étant le changement de rendement plus rapide que les fonds euros quand les conditions économiques changent. Si les taux remontent, comme fin 2022, tu as intérêt à regarder du côté des fonds monétaires qui vont proposer un bon rendement rapidement après. Si les taux baissent, mieux vaut s'intéresser aux fonds euros qui vont continuer à proposer un bon rendement plus longtemps que les fonds monétaires. Ces derniers demandent donc un peu plus de considération, ce qui les réserve ainsi aux épargnants plus expérimentés.

Les comptes à terme

Si l'idée de devoir suivre l'évolution des taux ne te plaît pas, tu peux opter pour les comptes à terme, où les fonds sont déposés pour une durée fixe et rémunérés à un taux convenu à l'avance, souvent supérieur aux livrets réglementés. Ton capital est garanti par la banque, mais attention ! Il est relativement indisponible, car tout retrait casse le compte à terme avec une pénalité. À chaque versement, il te faudra ouvrir un nouveau compte à terme, mais le nombre de comptes que tu peux ouvrir est illimité. Tu peux placer ton capital sur une durée qui varie de quelques mois à plusieurs années selon le compte. Le rendement varie selon la durée, car le taux augmente avec la durée de placement. Tout comme un livret fiscalisé, les intérêts sont soumis à l'impôt sur le revenu et aux prélèvements sociaux.

Exemple : tu peux placer 20 000 euros au taux de 3 % par an sur un compte à terme d'une durée de 2 ans. À l'issue des 2 ans, tu récupéreras ton capital de 20 000 euros avec la totalité des intérêts, soit environ 1 200 euros.

À moins de trouver un compte avec un rendement brut exceptionnel, c'est une option de second rang pour un particulier, car l'imposition va fortement baisser ton rendement réel. L'intérêt des comptes à terme pour un particulier réside surtout dans le fait de se figer un bon taux dans le temps, dans un contexte de baisse des taux.

Les mauvais plans

En revanche, je te déconseille vivement d'opter pour le plan épargne logement (PEL) ou le compte épargne logement (CEL) si ton objectif n'est pas strictement immobilier. Ces deux enveloppes, garanties par l'État, servent avant tout à préparer un prêt à taux privilégié pour ta résidence principale, et chacun est limité à un seul compte par personne. Le PEL impose des versements réguliers pendant plusieurs années et tout retrait anticipé l'annule. À l'issue de cette période, tu deviens éligible à un prêt à taux fixe, déterminé dès l'ouverture du contrat, et tu peux continuer à verser de l'argent pendant encore quelques années. Le taux de rendement du PEL est lui aussi fixé dès le départ et la fiscalité des intérêts suit celle de l'assurance-vie. Le CEL, plus souple, n'exige ni versement minimum ni durée de détention fixe, et tu peux retirer tes fonds à tout moment. Toutefois, pour bénéficier d'un prêt avantageux, il faut avoir ouvert et alimenté le compte pendant au moins 18 mois. Son rendement est par ailleurs assez bas, soumis à la même fiscalité que le PEL. En résumé, ces produits sont contraignants et peu rémunérateurs : leur unique atout est d'offrir un petit prêt immobilier à un taux légèrement plus bas que les offres bancaires classiques. Dans un contexte de taux d'emprunt déjà bas, ils perdent tout intérêt.

FOCUS → POUR CONSERVER UNE ÉPARGNE DE PROJET :

- Utilise en priorité les livrets réglementés pour leur simplicité.
- Si tu as besoin de conserver une somme qui dépasse les plafonds des livrets réglementés, regarde du côté des fonds euros sur assurance-vie grâce à l'abattement fiscal, qui te permettra de garder un bon rendement net.
- Dans un contexte de baisse des taux d'intérêt, les comptes à terme vont aussi être une bonne option pour maintenir une épargne plusieurs années, car ils vont conserver des taux élevés plus longtemps.
- Dans un contexte de hausse des taux, autant en profiter rapidement avec la plus grande réactivité des fonds monétaires !
- Les livrets fiscalisés, le PEL et le CEL, eux, sont à éviter.

Prends ton temps pour bien sélectionner tes contrats, car c'est là que tu trouveras les meilleurs taux. Les fonds euros les plus rémunérateurs se trouvent par exemple dans les contrats compétitifs d'assurances-vie en ligne.

4. OPTIMISE TES FLUX FINANCIERS POUR ACCÉLÉRER TON ÉPARGNE

Une fois que ton compte d'épargne de projet est ouvert, mets en place un virement automatique dès réception de tes revenus. Souviens-toi du pouvoir du

« nudge » ! Ainsi, si tu as du surplus à la fin du mois, tu peux le dépenser sans culpabilité parce que tes objectifs sont déjà remplis, ou bien faire un deuxième virement d'épargne variable pour compléter !

Si tu es dans cette deuxième optique de constitution la plus rapide possible de ton épargne de projet, tu dois prendre conscience d'une chose. À un certain stade, l'optimisation des dépenses atteint ses limites : tu ne peux pas rogner indéfiniment ton budget. Si tu veux muscler davantage ton épargne, tu dois envisager l'augmentation de tes revenus, qui devient plus rentable que les coupes budgétaires supplémentaires. Pourquoi ? À l'étape 1, tu as déjà fait le grand ménage dans les dépenses, ce qui t'a apporté des économies significatives. Maintenant, chercher l'euro d'économie supplémentaire sur tes factures sera une utilisation bien moins efficace de ton temps et de ton énergie que de travailler une heure de plus à 10, 20 ou 30 euros de revenu horaire.

À toi de déterminer l'action la plus rentable pour augmenter tes revenus, celle qui s'adapte le plus à ton profil et à ton rythme de vie ! C'est l'occasion de refaire le tour de tes possibilités.

Tes options :

- Heures supplémentaires ou missions occasionnelles.
- Négociation salariale : prépare tes arguments et fixe-toi un objectif de + 5 % à + 10 %.

- Changer de travail ou d'employeur.
- Job d'appoint : soutien scolaire, baby-sitting…
- Autoentrepreneuriat : lance une activité commerciale en fonction de tes compétences et de tes centres d'intérêt (artisanat, achat-revente, prestation de services physiques ou intellectuels).
- Indépendant ou chef d'entreprise ? Optimise ton statut juridique pour maximiser ton revenu disponible.

RÈGLE D'OR #8

UNE FOIS TES GROS POSTES DE DÉPENSE OPTIMISÉS, MISE SUR L'AUGMENTATION DE TES REVENUS, PAS SUR LES INFIMES ÉCONOMIES.

Par ailleurs, pense à bien utiliser les aides et les subventions auxquelles tu es peut-être éligible ! Chaque année, plus de dix milliards d'euros d'aides restent inutilisés. Renseigne-toi sur tes droits :

- Prime d'activité : jusqu'à plusieurs centaines d'euros par mois pour les revenus modestes.
- Aides au logement (APL, ALS…).
- Chèques énergie et prime essence.
- Bourses universitaires, aides locales ou régionales.

5. GARDE LE BON CAP

Une fois que tes flux d'épargne sont mis en place, il est crucial de maintenir le cap sur le long terme. Mais c'est loin d'être facile ! Je te recommande vivement d'utiliser un outil de suivi de patrimoine et d'objectifs pour rester motivé. Une application ou, mieux, un fichier personnalisé pour suivre ta progression d'épargne et visualiser l'évolution de ton patrimoine sera vraiment utile (Excel, Google Sheets). Fixe-toi des paliers pour chaque projet d'épargne (25 %, 50 %, 75 %, 100 %, car les chiffres ronds marchent toujours !) : voir tes progrès en temps réel renforcera ta motivation. Tu peux également paramétrer des notifications trimestrielles pour vérifier que ton niveau d'épargne reste conforme à tes objectifs. Ces outils te seront particulièrement utiles pour éviter un véritable piège pour tes finances : l'inflation du niveau de vie.

FOCUS → L'INFLATION DU NIVEAU DE VIE

Quand tes revenus augmentent, il est naturel de vouloir hausser ton train de vie : remplacement du smartphone, sorties au restaurant plus fréquentes, vacances plus lointaines… C'est l'inflation du niveau de vie, cette tendance à augmenter ses dépenses dès que ses revenus progressent, de sorte que toute hausse de salaire est absorbée par un train de vie plus coûteux, au lieu d'alimenter l'épargne ou l'investissement.

Gagner plus pour profiter plus, je ne remets pas en cause cet objectif, c'est même tout l'intérêt d'augmenter tes revenus ! La dynamique problématique, c'est quand tes dépenses loisirs augmentent au même rythme, voire, pire, plus vite que tes revenus, alors que tu as des projets plus importants à financer. Cette dynamique est malheureusement souvent irrépressible, tant elle est guidée par des mécanismes bien ancrés en nous. Dès qu'une promotion ou une prime tombe, une loi psychologique insidieuse entre en jeu : l'adaptation hédonique. Ton plaisir monte brièvement après une hausse de revenus, puis redescend à son point de référence, te poussant à chercher de nouvelles acquisitions matérielles pour te sentir à nouveau comblé. Parallèlement, la comparaison sociale t'incite à calquer ton style de vie sur celui de ton entourage en croyant que leurs dépenses « normales » doivent devenir les tiennes. Et, comme si cela ne suffisait pas, l'effet Diderot s'active dès le premier achat : ce nouveau smartphone appelle immédiatement une coque design, des écouteurs compatibles et peut-être même un abonnement supplémentaire. Un achat entraîne souvent l'achat d'accessoires ou de services complémentaires !

Surveille régulièrement ton **ratio épargne/revenu** : si ce taux diminue avec une hausse de salaire, une inflation du style de vie est à l'œuvre.

Dans une situation d'inflation du niveau de vie, tu t'exposes à plusieurs risques. Bien sûr, un taux d'épargne stagnant, mais, surtout, un report des objectifs, comme l'allongement du délai pour rassembler un apport immobilier. Elle entraîne aussi une hausse du risque d'endettement (voiture neuve, voyages à crédit...) : vigilance !

Exemples concrets :

***Antoine** gagne 2 000 euros par mois, dont il épargne 200 euros par mois (⟶ taux d'épargne de 10 %).*

Après promotion, il passe à 2 200 euros par mois (+ 200 euros).

Il ajoute + 200 euros à ses dépenses loisirs.

Résultat : il épargne toujours 200 euros par mois. Son taux d'épargne passe de 10 % à 9 % malgré sa hausse de revenus !

***Marie** gagne 2 000 euros par mois, et épargne elle aussi 200 euros par mois (→ taux d'épargne de 10 %).*

Après promotion, elle passe à 2 200 euros par mois (+ 200 euros).

*Elle applique « **la règle du demi-bonus** » : sur les 200 euros additionnels, elle place 100 euros en épargne de projet. Résultat : son taux d'épargne passe donc de 10 % à 13,6 %, tout en gardant 100 euros supplémentaires pour ses sorties !*

Pour prévenir le risque d'inflation du niveau de vie, tu peux, comme Marie, appliquer « la règle du demi-bonus » : à chaque augmentation de paie, consacre au moins 50 % du supplément à l'épargne plutôt qu'aux nouvelles dépenses. Par ailleurs, je te recommande de décaler les engagements financiers lourds (leasings, prêts auto) au moins 6 mois après une hausse de salaire.

RÈGLE D'OR #9

NE LAISSE PAS TON TRAIN DE VIE GRIGNOTER TOUTE TA HAUSSE DE REVENUS : ÉPARGNE AU MOINS LA MOITIÉ DE CHAQUE AUGMENTATION.

L'état d'esprit de l'épargnant

La plupart des conseils financiers se focalisent sur la création d'habitudes : « automatiser un virement mensuel », « utiliser le budget 50-30-20 », etc. Or, sans ancrage identitaire, ces mécanismes d'épargne restent fragiles. L'épargnant chevronné se perçoit d'abord comme une personne qui valorise la sécurité et l'indépendance, et agit en cohérence avec cette identité. Au-delà des automatismes, l'épargnant durable installe une vigilance cognitive qui l'aide à déjouer les pièges psychologiques.

La recherche en psychologie comportementale montre que l'être humain privilégie généralement les récompenses immédiates[4]. Or, l'épargne est l'art de différer la gratification, ce qui est plus aisé pour certains. La conscienciosité favorise l'épargne régulière, tandis que l'impulsivité accroît la vulnérabilité aux biais. Moins consciencieux ? Utilise des outils de budgétisation. Tendance à l'impulsion ? Renforce les points de friction et implique un tiers pour valider tes décisions majeures. En identifiant puis en surmontant chaque biais, tu accumules de petites victoires. Chaque succès renforce ta confiance en ta capacité à épargner, ce qui nourrit ta motivation et rend les efforts futurs plus faciles.

En combinant des outils rigoureux, une vigilance face à l'inflation de ton style de vie et un état d'esprit orienté vers l'épargne, tu conserves le cap et permets à ton épargne de croître inexorablement.

PLAN D'ACTION

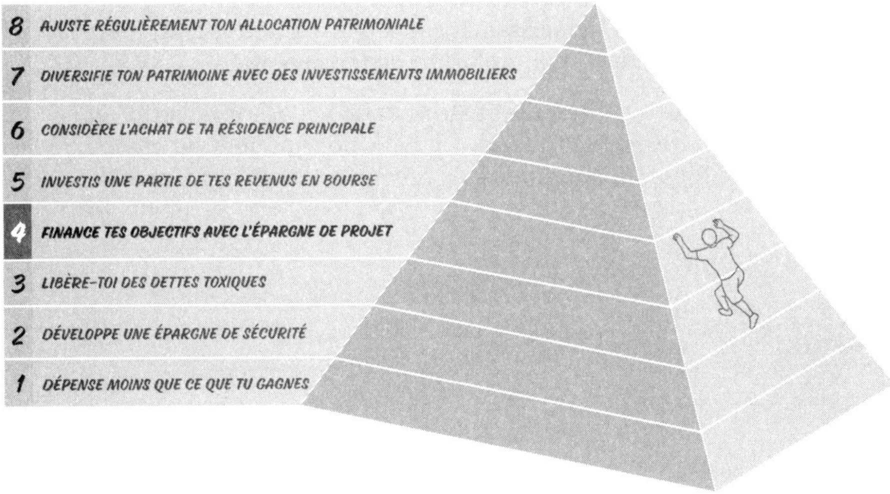

1. Liste clairement tous tes projets à financer dans les 5 prochaines années. Évite les biais de conformité sociale en te référant à tes propres objectifs.

2. Estime pour chacun le montant total nécessaire et détermine ton objectif d'épargne mensuelle.

3. Ouvre un compte épargne dédié pour chaque gros projet : un livret réglementé ou un fonds euros sont généralement les options à privilégier.

4. Mets en place un virement automatique correspondant à ton objectif d'épargne mensuel dès réception de tes revenus.

5. **Mets en place des outils de suivi** avec paliers et utilise le cadrage positif en associant chaque somme épargnée à un progrès visible vers ton projet.

6. **Optimise tes dépenses** jusqu'à un certain point, puis **concentre-toi sur l'augmentation de tes revenus**.

7. **Surveille régulièrement ton ratio épargne/revenu** et applique la « règle du demi-bonus » pour allouer au moins 50 % de toute augmentation de revenu à ton épargne et à tes projets.

Étape 5

INVESTIS UNE PARTIE DE TES REVENUS EN BOURSE

La Bourse garde, pour nombre de personnes, l'image d'un domaine inaccessible, parfois jugé secondaire, et rarement discuté ouvertement. Pourtant, une fois ta sécurité financière assurée, l'épargne seule devient insuffisante, car l'inflation ronge sa prise de valeur. Investir une partie de tes revenus en Bourse n'est pas une option audacieuse : c'est la suite logique pour faire croître ton patrimoine.

1. L'ÉPARGNE SEULE : UNE STRATÉGIE PERDANTE

À ce niveau, tu sais comment mettre en place des flux efficaces pour garantir ta sécurité et rendre possibles tes projets. Dans ce chapitre, nous entrons dans une nouvelle dimension : prendre des risques pour obtenir plus de récompenses. C'est un renversement de perspective qui n'est pas facile à opérer pour la plupart d'entre nous. En tant qu'humains, nous aimons beaucoup la certitude, notamment celle de ne pas perdre notre argent durement gagné[5]. Avec de l'épargne, on évite les risques directs pour notre argent, mais, en échange, l'inflation neutralise le rendement et empêche toute plus-value réelle. Comme cette perte est invisible, les supports non risqués comme les livrets bancaires ou les fonds euros sont malheureusement populaires pour stocker une épargne sur le long terme. Ils sont même fréquemment élus « placements préférés des Français »...

Investir, c'est s'éloigner de ce biais du risque zéro, plus paralysant qu'utile et aux antipodes de la mentalité de l'investisseur qui consiste à déployer son capital avec un risque mesuré dans le but de multiplier sa mise initiale. Dans l'investissement, il y a une approche entrepreneuriale vis-à-vis de son argent qui, bien souvent, n'est ni naturelle ni captivante. Pourtant, à moins d'être très bien né, l'investissement n'est pas une option. Paradoxalement, il s'agit du meilleur moyen de se détacher d'une aliénation envers l'argent, en dépendant moins de ses revenus. Investir reflète la croyance que demain existe, qu'il sera plein de possibles et qu'on peut le préparer dès aujourd'hui. À chacun son ou ses objectifs : investir pour maintenir ou élever son niveau de vie, réaliser de grands projets de vie, avoir un complément de revenus pour travailler moins, compléter sa retraite, financer les études de ses enfants… Tu ne sais pas quels imprévus la vie te réserve, alors avoir un patrimoine plus important grâce à tes investissements, bien au-delà de ton épargne de sécurité, sera un confort très précieux !

RÈGLE D'OR #10

POUR CRÉER DE LA RICHESSE, ACCUMULE DES ACTIFS QUI RAPPORTENT PLUS QUE L'INFLATION.

Qu'est-ce qui différencie l'investissement de l'épargne ? Dans un cas, on cherche la sécurité et la stabilité pour des projets à court terme. Dans l'autre, on recherche du dynamisme et de la croissance pour s'enrichir sur le long terme. Le support non risqué, destiné à l'épargne, pourra, au mieux, compenser l'inflation sur le long terme. L'investissement, lui, vise à offrir un excédent de rendement par rapport à l'inflation, permettant ainsi d'augmenter la valeur réelle de ton patrimoine d'une année sur l'autre et, surtout, de la multiplier sur le long terme. Un investissement mené sur plusieurs années ne progresse pas de manière linéaire : les gains réalisés chaque année s'ajoutent au capital, qui lui-même produit à son tour des gains les années suivantes. Cela crée un effet cumulatif, appelé capitalisation, qui entraîne une croissance exponentielle, parfois difficile à imaginer. On parle de rendements composés, une véritable avalanche mathématique ! Voilà tout l'intérêt de l'investissement à long terme : créer du capital de façon disproportionnée par rapport à la mise initiale.

Pour t'aider à mieux transposer ce concept dans la vie réelle, laisse-moi te parler de deux collègues, Julie et Mathieu. Julie est prévoyante et gère bien ses finances. À vingt ans, elle décroche son premier boulot et commence à placer 500 euros par mois à 8 % de rendement annuel. Elle conseille à son collègue Mathieu de faire pareil, mais il n'en voit pas l'intérêt pour l'instant. Pour lui, la retraite est un horizon lointain... Dix ans passent, Julie et Mathieu ont maintenant trente ans. Julie a d'autres projets, elle stoppe son versement de 500 euros après avoir injecté 60 000 euros en dix ans dans ce premier investissement. Elle est rusée et continue de réinvestir les intérêts. Mathieu a mûrement réfléchi et, après en avoir parlé avec Julie, il commence lui aussi la même stratégie, qu'il va tenir pendant les prochaines décennies : épargner 500 euros par mois et réinvestir les intérêts. Trente ans passent, on les retrouve tous les deux à 60 ans, c'est le moment de faire le bilan. Mathieu a versé 180 000 euros de sa poche et termine avec un joli pactole de 750 000 euros juste avant la retraite. Julie, elle, n'a versé que 60 000 euros dans ce placement. Mathieu tombe des nues en apprenant que la valeur du portefeuille de Julie avoisine le million d'euros...

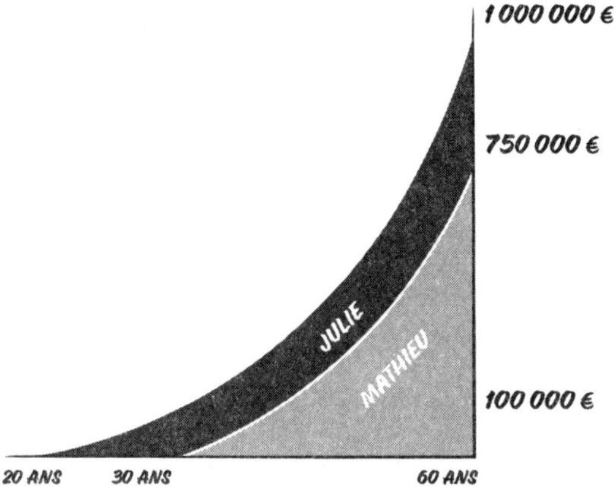

Évolution des patrimoines financiers de Julie et de Mathieu à partir de leurs 20 ans

Est-ce que tu arriverais à expliquer à Mathieu d'où vient cette différence ? Si tu as bien compris le principe cumulatif des rendements composés, tu pourrais lui dire que c'est le fruit de dix ans de différence et de l'effet des lois mathématiques.

RÈGLE D'OR #11

INVESTIR TÔT DANS UN PLACEMENT RENTABLE RÉDUIT L'EFFORT D'ÉPARGNE ET AUGMENTE LE GAIN TOTAL SUR LE LONG TERME.

Faut-il alors commencer l'investissement le plus tôt possible ? Absolument, dès que tu as complété les quatre premières étapes de ce guide ! L'investissement est ennuyeux au départ : il ne se passe rien d'extraordinaire, car les rendements se composent sur de petits montants. Pourtant, c'est là que tout se joue : tu augmentes ta durée d'investissement potentielle, qui est vraiment le nerf de la guerre. Quand Mathieu a multiplié son effort d'économie de 180 000 euros par 4,2, Julie a multiplié ses 60 000 euros par 16,6 ! La durée d'investissement supérieure de 10 ans est le seul facteur explicatif de cette surperformance.

2. DANS QUELS ACTIFS INVESTIR ?

Un investissement, ou placement, n'est pas – comme le suggère l'abus de langage fréquent – une simple dépense coûteuse. C'est l'achat d'un actif ! Un bien qui pourrait prendre de la valeur, rapporter de l'argent ou éviter des dépenses dans le futur. On ne réalise pas un investissement pour vider son portefeuille, mais pour l'épaissir progressivement, et, dans ce but, il nous faut des actifs avec du rendement. Dans l'investissement, notre horizon de placement est lointain, idéalement au-delà de 8 ans, nous autorisant à prendre un peu de risques avec des placements dynamiques. La définition d'un investissement est, par nature, infinie : elle englobe tout ce qui peut potentiellement prendre de la valeur avec le temps. Cela peut paraître abstrait, mais l'histoire regorge d'exemples d'investissements farfelus. Une simple tulipe pouvait représenter l'un des meilleurs investissements possibles en 1633, juste avant la célèbre crise de la tulipe au XVIIe siècle. Plus récemment, une carte Pokémon rare achetée en

2018 a pu voir sa valeur exploser lors du boom de 2020-2021. On pourrait passer des heures à lister ces opportunités spécifiques, souvent insolites ou liées à une époque bien précise. Mais ce n'est pas le plus utile. Concentrons-nous plutôt sur les grands véhicules d'investissement intemporels, ceux qui ont fait leurs preuves pour gérer de grosses sommes, traverser les cycles économiques et qui restent accessibles à chacun. Ces grands véhicules d'investissement sont ce qu'on appelle les classes d'actifs traditionnels. Ce sont eux qui structurent un patrimoine solide. Voici les principaux :

- Les actions : ce sont des parts d'une entreprise, cotée en Bourse ou non. Il s'agit d'une classe d'actifs très performante sur le long terme, mais aussi volatile à court terme.
- Les obligations : on l'a vu, ce sont les parts d'un prêt contracté par un État ou une société en échange d'intérêts. Elles sont généralement moins risquées que les actions, mais aussi moins rémunératrices. Elles apportent de la stabilité à un portefeuille.
- L'immobilier : posséder de la pierre, c'est acquérir des parts d'un bien réel, tangible, qui peut générer des loyers et potentiellement prendre de la valeur en fonction du marché. C'est une classe d'actifs peu liquides (qui ne se revendent pas du jour au lendemain).
- Les investissements alternatifs : les métaux précieux, le *private equity*, les cryptoactifs, ou encore les objets de collection. C'est une classe d'actifs

très hétérogène, souvent décorrélée des marchés traditionnels, qui peut jouer un rôle intéressant en complément d'un patrimoine déjà bien structuré en actions, obligations et immobilier. Ces investissements restent facultatifs : ils ne sont ni indispensables ni prioritaires pour bâtir un patrimoine solide. Leur particularité, c'est qu'ils nécessitent souvent des connaissances spécifiques, une vigilance accrue sur la liquidité et une tolérance au risque plus élevée.

Les classes d'actifs sont comme les ingrédients de base d'une recette de cuisine : chacun a ses forces, ses faiblesses et son rôle pour obtenir un patrimoine équilibré. Pour savoir les utiliser intelligemment, apprenons à les comprendre et à les analyser.

3. COMMENT ÉVALUER UN INVESTISSEMENT ?

Avant de placer ton argent quelque part, il est essentiel de t'arrêter un instant pour évaluer la nature de l'investissement que tu envisages. Pas uniquement sur la promesse de rendement, mais en prenant en compte les quatre grandes dimensions qui déterminent sa pertinence : le couple rendement/risque, la liquidité, l'effort de gestion et la fiscalité.

Le couple rendement/risque

Un rendement annuel de 2 % (type livret bancaire) va doubler ta mise en 35 ans. Un placement à 5 % (type investissement immobilier locatif) le fera en 15 ans, alors qu'à 10 % (type Bourse américaine) ce sera fait en 7 ans. Mais il ne faut pas oublier l'autre face de la pièce : le rendement d'un placement va de pair avec son risque. Plus le rendement espéré est élevé, plus le risque associé l'est aussi, en règle générale. Ce n'est pas une fatalité, mais une logique de marché : si un placement rapporte beaucoup, c'est qu'il implique une probabilité plus forte de perte partielle ou totale du capital. Ta performance finale va se bâtir avec ces deux aspects : elle va être entraînée par le rendement brut, mais aussi par les pertes que tu vas probablement subir un jour ou l'autre avec un placement risqué. Il faut donc bien te renseigner sur les risques de tes investissements. Un rendement annoncé supérieur à 10 % doit immédiatement t'alerter : il est très peu probable que le risque de perte partielle ou totale soit limité. Le crowdfunding immobilier en est un bon exemple. Longtemps vanté pour son couple rendement/risque supposé très favorable, il a attiré de nombreux particuliers. Pourtant, la montée en flèche des défauts de remboursement ces dernières années a mis en lumière les fragilités structurelles de ce modèle. Beaucoup d'investisseurs n'avaient pas conscience qu'ils pouvaient tout simplement ne jamais revoir leur mise !

En plus du risque de défaut de prêt, il existe un tas d'autres risques de perte en fonction des placements : la volatilité des prix, la faillite d'un intermédiaire, la vacance locative ou des impayés de loyer, une importante fluctuation des taux de change ou des tensions géopolitiques en cas de placement à l'étranger. Le danger d'un placement est encore plus grand lorsque tu n'as pas pris le temps de faire le tour des risques possibles : tu ne seras pas en mesure de mettre en place des stratégies de réduction du risque et tu t'exposeras à des décisions prises sous le coup de l'émotion plutôt que de la raison.

RÈGLE D'OR #12

N'INVESTIS QUE DANS DES PLACEMENTS DONT TU ES CAPABLE D'EXPLIQUER LE FONCTIONNEMENT À UN ENFANT.

Regarde combien tu peux perdre dans le pire des cas, et selon quelle probabilité. Si les pertes sont potentiellement totales ou fréquentes, il te faut un bon rendement. Idéalement, cherche une asymétrie positive entre le gain espéré et la perte maximale : un investissement où le rendement est anormalement élevé pour le petit risque pris.

Ce qu'on veut savoir aussi, c'est le niveau de variabilité du rendement espéré. Heureusement, il existe des outils pour quantifier ça. Le plus classique est le ratio de Sharpe, qui rapporte le rendement d'un actif à sa volatilité. Plus ce ratio est élevé, plus l'investisseur est rémunéré pour le risque qu'il prend de ne pas avoir le rendement espéré. On peut assez facilement placer les grandes classes d'actifs sur ce spectre rendement/volatilité :

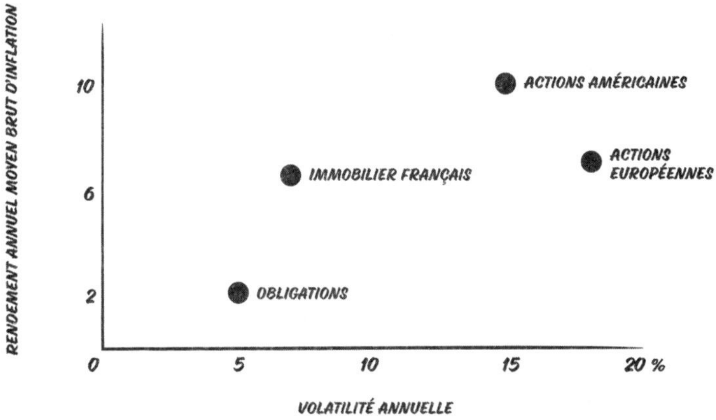

Le spectre rendement/risque des principales classes d'actifs

Par exemple, un prêt, une cryptomonnaie ou une action individuelle peuvent tout à fait présenter une perte de 100 % de leur valeur, ce qui diminue considérablement leur ratio. Par contre, les actions américaines prises dans leur ensemble ont un bien meilleur profil : elles ne tombent pas toutes à zéro. On a vu des krachs de - 50 % (comme en 2000 ou 2008) et des périodes de stagnation longues. Mais, sur le long terme, elles ont offert un rendement annuel moyen d'environ 10 % sans prendre en compte l'inflation, ce qui en fait une des classes d'actifs au meilleur ratio rendement/risque. De son côté, le marché immobilier français est généralement perçu comme plus stable. En effet, il n'a pas connu d'effondrement massif depuis la Seconde Guerre mondiale, bien qu'il y ait régulièrement des corrections du marché qui prennent parfois du temps à se rétablir (récemment dans les années 1990, en 2008, 2012 et 2022). Son rendement moyen étant plus faible que les actions américaines, son ratio est par conséquent un peu moins attractif. Surtout, il présente des risques spécifiques : faible liquidité, charges imprévues, fiscalité ou réglementation instable, que les outils comme le ratio de Sharpe ne mesurent pas bien.

Bref, il est tentant de classer les placements selon leur rendement et leur risque... mais la réalité est souvent plus nuancée. La personne qui dit que « la Bourse est très risquée » et celle qui affirme qu'« elle rapporte 10 % par an » ont toutes les deux raison, elles parlent juste de temporalités différentes. Plus ta durée d'investissement est longue, moins la volatilité t'impactera, plus tu auras de chances d'atteindre le rendement moyen et moins tu risqueras de perdre. Le couple rendement/risque évolue donc avec le temps, surtout pour les actions. C'est moins vrai pour l'immobilier, car certains risques (fiscaux, structurels...) peuvent s'accumuler avec le temps. Quant à l'épargne ou les liquidités, leur risque augmente avec le temps qui passe, à cause de l'érosion causée par l'inflation.

La liquidité

La liquidité d'un investissement désigne la facilité et la rapidité avec lesquelles tu peux le revendre et récupérer ton argent. Elle est souvent négligée dans les décisions d'investissement, mais elle peut avoir un impact considérable sur ta sérénité comme sur tes performances. Un actif très liquide, comme une action cotée en Bourse, peut être vendu en quelques secondes, avec des frais quasi nuls. À l'inverse, un bien immobilier peut mettre plusieurs mois à trouver preneur. Entre les délais de vente, les frais engendrés et les incertitudes sur le prix de cession, tu peux te retrouver dans une position inconfortable si tu as besoin d'argent rapidement.

L'effort de gestion

Certains investissements fonctionnent de manière relativement autonome une fois achetés. D'autres exigent un suivi actif, voire une implication opérationnelle. C'est notamment le cas de l'immobilier locatif ou de la gestion d'une entreprise. Or, plus un investissement demande de temps, de compétences ou d'énergie, plus il faut intégrer cet effort dans ton évaluation globale. Il ne s'agit pas seulement de rendement brut, mais aussi de rentabilité nette de ton temps, de ta charge mentale et des éventuels coûts de gestion déléguée. Un investissement demandant peu d'attention qui rapporte 5 % peut s'avérer plus intéressant à long terme qu'un autre qui rapporte 7 % mais monopolise ton énergie, t'expose à des litiges ou nécessite une veille constante.

La fiscalité

Dernier critère à ne surtout pas négliger : la fiscalité. Ce qui compte, ce n'est pas ce que ton placement te rapporte en brut, mais ce qu'il te laisse en net, après impôts. Et, sur ce point, tous les investissements ne sont pas logés à la même enseigne. Certains produits sont fortement fiscalisés, comme l'immobilier en location non meublée ou les comptes-titres ordinaires. D'autres sont plus doux fiscalement, comme le plan d'épargne en actions ou l'assurance-vie, qui permettent une capitalisation à l'abri de l'impôt pendant plusieurs années. Le rendement net de fiscalité peut donc varier fortement d'un support à l'autre pour un même rendement brut. Exemple concret : un investissement immobilier qui rapporte 6 % brut peut tomber à 3 % net une fois les charges et la fiscalité déduites. À l'inverse, un fonds d'investissement sur un plan d'épargne en actions qui rapporte 6 % brut peut te laisser autant en net.

Et attention à l'imposition annuelle ! Certains investissements sont fiscalisés seulement sous certaines conditions, alors que d'autres le sont systématiquement de façon annuelle... ce qui ralentit grandement la croissance ! À l'inverse, un placement non imposé annuellement peut réinvestir 100 % de ses résultats et profiter pleinement des rendements composés.

Réflexe à adopter : demande-toi toujours si le rendement annoncé est brut ou net, et quel est le traitement fiscal associé. Cela peut faire toute la différence sur le long terme.

En résumé, évaluer un investissement ne se résume pas à regarder un chiffre de rendement. Il faut en comprendre les risques réels, la liquidité, le coût de gestion, ainsi que le traitement fiscal. Ce travail d'analyse t'évitera bien des déceptions, et, surtout, il te permettra de construire un patrimoine d'actifs qui correspond réellement à tes objectifs et à ta vie. Autrement dit : une allocation d'actifs bien pensée.

FOCUS → L'ALLOCATION D'ACTIFS

L'allocation stratégique des actifs, c'est la répartition cible de ton portefeuille en fonction de tes objectifs de long terme, de ta tolérance au risque et de ton horizon d'investissement. Ce concept est basé sur le fait que les actions, les obligations, l'immobilier ne sont pas parfaitement corrélés et vont se comporter différemment en fonction des conditions économiques. Par exemple, en période d'inflation, les obligations rapportent généralement plus tandis que le rendement des actions diminue. Une bonne allocation réduit le risque de ne pas avoir le rendement espéré pour ton patrimoine, grâce à une diversification optimale. C'est une véritable boussole pour gérer tes finances dans la pratique.

Pas convaincu ? Et si je te disais que bien identifier et suivre cette répartition idéale explique 90 % de ta performance financière[6] ? Cette réflexion intervient bien avant le choix des constituants spécifiques pour chaque classe d'actif, largement secondaire pour tes performances. Il est bien plus rentable de déterminer la part idéale de ton patrimoine à investir en actions, plutôt que de passer trop de temps à choisir entre des actions

> françaises ou allemandes ! On a pourtant tendance à se focaliser sur la deuxième partie, bien plus stimulante. Ne te fais pas leurrer ! Mais comment déterminer ton allocation stratégique ? Tout dépend de ta vie et de tes objectifs financiers. Heureusement, elle ne bouge que rarement : on ne la modifie que si notre situation personnelle change. Nous verrons comment la faire évoluer dans l'étape 8 qui lui est entièrement consacrée, vu son importance !

Allons à l'essentiel dès maintenant : plus on est jeune, plus on peut se permettre de prendre des risques. À ce moment-là, on a peu de patrimoine… mais beaucoup de temps devant soi. C'est la phase de capitalisation, où l'objectif est simple : créer et faire croître son capital. Quand on est jeune ou dans la vie active, il faut oser aller vers des actifs avec des frais d'entrée élevés et une faible liquidité, comme l'immobilier. C'est aussi le bon timing pour acheter des parts de sociétés en Bourse, car la durée d'investissement joue en notre faveur : elle permet de lisser la volatilité et de capter le haut rendement des actions sur le long terme. Ces deux classes d'actifs sont redoutables sur la durée, accessibles à tous et relativement simples à comprendre. Et ce que j'aime par-dessus tout, c'est qu'elles sont concrètes, tangibles. Il te faut des placements solides, qui auront encore du sens dans 50 ans. Alors oui, c'est peut-être un peu ennuyeux. Mais c'est justement pour ça que ça marche. Ce sont les placements les plus classiques et ils le sont pour une raison : les patrimoines se sont presque toujours construits autour d'un de ces deux piliers, au moins. Alors, quitte à ce que ce soit un peu ennuyeux, moi, je signe. On va donc voir ensemble comment investir dans ces deux domaines et, surtout, quels sont les meilleurs supports à ta disposition.

C'est parti : on commence par la Bourse !

4. TOUT LE MONDE DEVRAIT S'INTÉRESSER À LA BOURSE !

Alors oui, la Bourse. En France, c'est un mot qui peut faire peur, parfois même tabou à cause de croyances qui ont la peau dure. Peut-être même que, dans ton entourage, on t'a recommandé de ne pas y toucher ! Le désintérêt des Français pour la Bourse préoccupe même l'État, qui a notamment allégé et simplifié la fiscalité de ces placements pour inciter les Français à dynamiser leur épargne et à participer à l'économie (selon l'Autorité des marchés financiers, seuls 6,6 % de la population possèdent des actions en direct).

La Bourse, ce n'est ni plus ni moins qu'un lieu d'échange de parts d'entreprises qu'on appelle des actions. C'est juste un lieu d'échange, tout va dépendre de l'utilisation que tu en fais. Elle est mal vue en France parce qu'elle est associée à une pratique : le trading, parfois encore appelé « boursicotage ». Écartons le sujet tout de suite : il s'agit de spéculation pure et dure sur des valorisations d'entreprises, à base de paris où il faut avoir raison à court terme. Pratique très discutable au niveau éthique, elle fait, en plus, perdre de l'argent à plus de 9 particuliers sur 10 qui s'y risquent[7]. Tu as bien plus de chances de réussir si tu investis à long terme plutôt qu'à court terme. Et il y a plusieurs explications à ça. La raison la plus sous-estimée par les particuliers, c'est que, en trading, tu te bats contre des professionnels avec des moyens, des informations, une puissance de calcul et une rapidité d'exécution bien plus importants que les tiens. Alors que, à long terme, il y a beaucoup moins de concurrence. Même les managers de fonds d'investissement doivent rendre des comptes annuellement à leurs investisseurs et n'ont pas la liberté de mouvement d'un particulier. Finalement, très peu de personnes ont la capacité et la discipline d'investir à très long terme ! Ici, on va plutôt s'attarder sur ces formidables opportunités de placement. Tu peux les mettre en place très facilement si tu es discipliné et patient. Note que je n'ai pas dit qu'il fallait être malin ! Il suffit de connaître les règles du jeu.

RÈGLE D'OR #13

POUR UN PARTICULIER, LA BOURSE N'EST UN JEU GAGNANT QUE SUR LE LONG TERME.

Une vaste étude historique portant sur 39 pays développés et 180 ans d'histoire boursière montre qu'un investissement unique en actions sur 30 ans avait environ 12 % de chances de générer une perte financière réelle, c'est-à-dire une évolution ne compensant pas l'inflation[8]. Ce chiffre peut sembler inquiétant, mais il reflète un scénario très théorique : celui d'un investisseur qui place tout son capital en une seule fois, sans jamais réinvestir et sans diversification. Or, dans la vraie vie, nous investissons progressivement, sur plusieurs décennies, souvent *via* des fonds mondiaux largement diversifiés. Même dans un monde traversé par les guerres, les crises et l'inflation, les marchés d'actions ont, dans l'immense majorité des cas, récompensé la patience et la discipline. Dans ce contexte, dire qu'un placement bien pensé en Bourse est risqué doit être fortement nuancé. Cependant, cela implique de ne pas toucher à cet argent avant un moment. Assure-toi donc d'investir uniquement de l'argent dont tu n'auras pas besoin, économisé après avoir constitué une épargne de précaution, et après une épargne de projet. Une erreur classique à éviter est de vendre un jeune portefeuille boursier à perte pour constituer un apport immobilier : il faut bien distinguer ces deux poches financières !

Une fois que tu as des capitaux à investir, voici pourquoi tu devrais les déployer sur les marchés. Depuis que des statistiques existent, les actions dans leur ensemble ont été l'investissement le plus compétitif. Sur les 200 dernières années, le marché boursier américain a donné 7 % de rendement annuel net moyen (ajusté sur l'inflation) à ses investisseurs ! C'est imbattable et prouvé. Pourquoi continuer à s'en priver ? La Bourse mérite d'être reconsidérée au-delà des préjugés, car elle peut avoir un impact considérable sur ton patrimoine. Aux États-Unis, où la culture boursière est bien plus ancrée, environ 60 % des particuliers sont actionnaires, soit dix fois plus qu'en France. La Bourse y joue un rôle social important en permettant à chacun de devenir copropriétaire des plus grandes entreprises mondiales, pour valoriser son patrimoine et préparer sa retraite.

FOCUS → QU'EST-CE QU'UNE ACTION ?

Une action est un titre de propriété d'une fraction du capital d'une entreprise. En achetant une action, tu deviens copropriétaire de cette entreprise, avec un droit de vote en assemblée générale et un droit aux bénéfices. Cette participation te rémunère souvent de deux façons : d'une part, par un dividende généralement compris entre 0,5 % et 8 % par an selon la politique de distribution de l'entreprise ; d'autre part, par la plus-value potentielle si la valeur de l'action augmente avec la croissance et la rentabilité de l'entreprise. Les actions peuvent être cotées en Bourse ; on parle alors de sociétés publiques, ou non cotées, dans le cas d'entreprises privées dont les actions s'échangent de gré à gré, souvent entre investisseurs avertis ou *via* des levées de fonds. Ce type d'investissement hors Bourse, appelé « *private equity* », vise souvent à accompagner le développement de petites entreprises ou de startups, en contrepartie d'un risque élevé et d'une liquidité très réduite. Les actions cotées sont plus liquides : tu peux les acheter ou les vendre facilement *via* un courtier.

5. QUELS PLACEMENTS CHOISIR EN BOURSE ?

Tu as plusieurs possibilités pour te lancer. On va les envisager dans l'ordre d'implication qu'elles nécessitent. La Bourse, c'est un monde qui semble très obscur pour les non-initiés. Et pour cause, on invente des produits financiers dérivés tous les jours, avec des dénominations parfaitement incompréhensibles si on ne connaît pas les acronymes. L'industrie financière ne semble pas vouloir faciliter la compréhension et l'autonomie des investisseurs ! Il est donc tout naturel de s'orienter vers la première option.

- Tu peux déléguer complètement la gestion de ton portefeuille à des professionnels : c'est la gestion pilotée.
- Tu peux, sinon, gérer toi-même ton portefeuille composé de parts de fonds d'investissement (créés par des sociétés de gestion d'actifs).
- Enfin, si tu souhaites mettre les mains dans le cambouis, tu peux acheter directement des actions pour avoir un portefeuille personnalisé.

La gestion pilotée : une bonne idée ?

La gestion pilotée d'un portefeuille financier est une option très répandue, proposée des plus petites sociétés de la FinTech aux grands groupes bancaires. Le client n'a en général qu'à choisir un profil d'investisseur : « prudent », « équilibré », « dynamique ».

Derrière ce choix, des algorithmes identifient une allocation idéale, notamment le pourcentage d'exposition aux actions, et choisissent ensuite les constituants précis du portefeuille. De prime abord, je trouve l'idée excellente, car elle répond à un vrai besoin. Certaines personnes savent qu'il faudrait investir mais rechignent à s'y mettre, ou ont peur de faire des erreurs. D'autres ne veulent pas s'intéresser aux complexités des investissements : chacun son boulot ! Déléguer la gestion permet de se concentrer sur autre chose tandis que l'épargne profite d'une allocation appropriée et efficace. Tu te le rappelles ? C'est ce qui fait 90 % de la performance ! Pour la plupart des gens, c'est l'option idéale – sur le papier. Dans la pratique, la plupart des offres de gestion offrent des performances bien inférieures aux promesses de rendement[9].

La principale raison, c'est que le « clé en main » se paye fort. En moyenne, en 2025, le niveau de frais des pilotes reste élevé, jusqu'à 1 % du capital chaque année. Ces frais sont prélevés systématiquement, quelles que soient les performances réelles, que la gestion soit bonne ou mauvaise, ou que l'année boursière soit haussière ou baissière. Sur une bonne année, une gestion pilotée fera en moyenne moins bien que le marché : c'est mathématique, il faut retrancher les frais ! Sur une année difficile, la perte ne sera que plus grande. Autre souci, les fonds dans lesquels le pilote te fait investir sont généralement des fonds d'investissement « traditionnels » qui, eux aussi, prélèvent des frais significatifs. Et, quand la gestion pilotée est présentée comme gratuite, le gestionnaire perçoit généralement des rétrocessions des fonds dans lesquels il te fait investir !

Dans la pratique, j'estime que le service rendu par la gestion pilotée est faible contre les quelques heures de formation personnelle nécessaires pour gérer librement et proprement son portefeuille financier. Encore faut-il vouloir s'y consacrer ! Si ce n'est pas ton cas, cela reste une option pratique pour profiter du dynamisme des marchés actions et de schémas d'allocation pertinents. Dans ce cas, le surplus de frais est partiellement compensé par la performance due à l'allocation adaptée du pilote, à condition de choisir les meilleures offres de gestion pilotées de la FinTech avec des frais compétitifs.

L'industrie des fonds actifs

Les fonds d'investissement traditionnels sont les véhicules de placement les plus populaires depuis des décennies. Ils permettent aux particuliers de placer leur argent sans avoir à choisir eux-mêmes les actions. Leur principe est simple à comprendre : tu délègues la gestion de ton portefeuille à un professionnel qui sélectionne et ajuste les titres dans le but de faire mieux que le marché boursier. Les gérants professionnels analysent l'économie, les entreprises et leurs valorisations boursières, les tendances, etc. En combinant ces éléments, ils prennent des décisions d'allocation technique : quelles actions acheter, lesquelles vendre, dans quelles proportions, à quel moment.

Un fonds regroupe l'argent de milliers d'investisseurs. Il est donc mutualisé : chacun détient une part proportionnelle au total. Ces fonds existent sous plusieurs formes : SICAV (société d'investissement à capital variable), FCP (fonds commun de placement), ou encore OPCVM (organisme de placement collectif en valeurs mobilières). La structure juridique varie, mais le principe reste le même : une gestion professionnelle d'un portefeuille collectif. Le gérant vise le plus souvent à faire mieux tous les ans qu'un indice boursier de référence (par exemple, le CAC 40, le S&P 500, etc.). C'est ce qu'on appelle la gestion active ! En pratique, la majorité des fonds actifs ne parviennent pas à battre durablement leur indice de référence une fois les frais déduits. Les études de grande envergure réalisées nous montrent que plus de 90 % des fonds actifs sous-performent leur indice de référence[10] !

Plus intéressant encore : plus on investit sur un temps long, moins un fonds arrive à maintenir une surperformance. En réalité, les fonds actifs performants une année donnée le sont en majorité grâce... au hasard, et finalement très peu réussissent à maintenir leurs rendements plusieurs années de suite ! En 2008, l'investisseur milliardaire Warren Buffett a parié un million de dollars à la société de gestion Protégé Partners qu'ils n'arriveraient pas à battre sur 10 ans un simple fonds répliquant l'indice S&P 500 à cause de leurs frais de gestion. En 2015, deux ans avant la fin du pari, Protégé Partners déclare forfait, se rendant bien compte qu'ils ne pourraient pas gagner. Le message de Buffett : sur le long terme, les frais élevés et la complexité des gestions actives nuisent à la performance finale pour le client. Les frais que ces fonds traditionnels facturent gravitent généralement entre 1 % et 2,5 % par an, ce qui n'a pas l'air beaucoup dit comme ça. Mais sur une période de plusieurs dizaines d'années, il est probable que plus de 50 % de ta performance soit redistribuée aux gestionnaires à cause de l'effet cumulatif des frais. Tu comprends maintenant pourquoi l'univers de la Bourse reste aussi complexe pour les particuliers ? Les professionnels du secteur n'ont pas intérêt à changer ce système très rémunérateur.

Par ailleurs, la sous-performance globale vient aussi du fait que les intérêts des gestionnaires ne sont pas alignés avec ceux des clients : la rémunération en frais courants ne pousse pas à chercher une surperformance. Leur objectif principal est de maintenir tous les ans leurs avoirs sous gestion, ce qui oblige à faire plaisir aux investisseurs, par exemple, en suivant certaines modes (critères ESG, l'IA…). Il est maintenant admis que le modèle actuel des fonds traditionnels est dépassé.

FOCUS → L'IMPACT DES FRAIS DE GESTION

On vient d'évoquer la sous-performance réelle de la gestion pilotée et des fonds traditionnels, principalement due à leur système de frais. On ne parlait pourtant pas de montants si importants que ça, si ? Voyons ça de plus près avec l'exemple d'un contrat d'assurance-vie d'une grande banque française : les frais pour bénéficier de leur gestion pilotée en fonds traditionnels coûtent 3 % du capital chaque année. Tu te souviens du fonctionnement des rendements composés ? Il n'y a pas de raison pour qu'ils ne fonctionnent pas aussi pour les autres. Laisse-moi te montrer le vrai poids des frais de gestion :

Imaginons que tu investis dans un portefeuille financier qui rapporte 7,5 % de rendement annuel, à hauteur de 500 euros par mois. Résultat au bout de 30 ans : 670 000 euros ! Supposons que tu passes maintenant par ce contrat d'assurance-vie en gestion pilotée, investi dans un fonds traditionnel de même performance, le tout t'obligeant à verser 3 % de frais annuels. On tourne le chiffre autrement ? Sur 30 ans, tu payes 290 000 euros de frais !

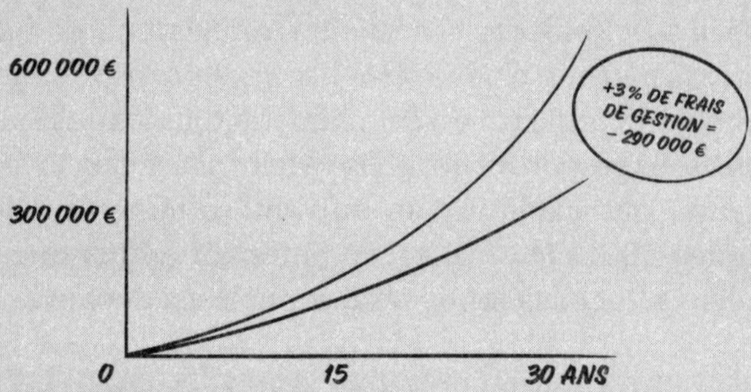

Croissance d'un investissement de 500 euros par mois au rendement annuel de 7,5 %, selon la présence ou non de 3 % de frais de gestion

Sache que les frais sont généralement plus élevés sur les structures d'investissement opaques et complexes, qui sous-performent des produits plus simples et lisibles. Même si les frais sont tout à fait normaux pour rémunérer raisonnablement les gestionnaires, tu dois les traquer, t'assurer qu'ils sont dans la moyenne basse du marché, pour ne pas tomber dans le piège de distribuer généreusement la majorité de la performance de TES investissements à des intermédiaires financiers.

Sélectionner soi-même ses actions

La troisième option, la plus intuitive pour beaucoup, consiste à acheter toi-même les actions que tu sélectionnes : c'est ce qu'on appelle le « *stock picking* ». En effet, pour un grand nombre d'investisseurs, c'est un exercice très stimulant ! Il est dans ce cas indispensable de bien connaître le *business model* de l'entreprise, de savoir interpréter ses bilans financiers trimestriels (ce qui nécessite une formation solide) et son niveau de valorisation boursière. On ne peut pas choisir une action juste parce qu'on aime son image de marque, et encore moins sans regarder son prix ! Il y a plusieurs styles d'investissement en *stock picking* : acheter des actions sous-valorisées, en pleine croissance, avec un bon dividende ou d'entreprises de très belle qualité.

Il est tentant d'essayer de battre la performance du marché de référence avec sa propre sélection d'actions. Sauf que, avec l'évolution technologique, il est de plus en plus difficile de dénicher des pépites passées inaperçues aux yeux de tous. Les grandes entreprises cotées sont suivies par des milliers d'analystes, rendant ce marché globalement efficient : chaque information publique est intégrée quasi instantanément dans les valorisations. À terme, la valorisation boursière d'une entreprise reflète sa valeur fondamentale. Pour un particulier, il est extrêmement improbable de tomber sur une anomalie et d'arriver à l'exploiter[11] !

Le *stock picking*, c'est comme gérer un petit fonds personnel, mais avec moins de moyens, moins d'expérience, et plus de biais psychologiques. S'il ne fallait en citer qu'un qui a un impact négatif bien établi : le biais d'action. Comme dans un embouteillage, faire beaucoup de changements – de voies en voiture, de positions en Bourse – est contre-productif. C'est la certitude d'accumuler les frais et l'imposition lors des ventes de positions, et, *in fine*, d'affecter significativement la performance globale[12].

Une autre erreur classique du débutant est de privilégier les actions qui versent un dividende. Les entreprises concernées réinvestissent alors peu leurs bénéfices, diminuant leurs perspectives de croissance. D'ailleurs, lorsqu'une entreprise verse un dividende, le montant en est soustrait du cours de l'action : on parle de détachement du dividende. C'est comme retirer de l'argent au distributeur ! Pratique pour se verser une rente, mais, en dehors de ce cas de figure, ce n'est ni particulièrement rémunérateur ni rationnel d'un point de vue fiscal.

Faire du *stock picking* pour tenter de battre le marché est donc très difficile et cela nécessite dans tous les cas de s'y intéresser quasiment à temps plein. Je considère que la plupart des gens ont mieux à faire de leur temps. Réservons cette activité aux managers de fonds et aux rentiers passionnés.

FOCUS → LA FORCE DE LA CONCENTRATION

La concentration, en *stock picking*, c'est le fait d'avoir le moins de titres possible, car on choisit de miser sur un nombre réduit d'entreprises que l'on considère comme les champions dans un secteur donné. Par exemple, si tu n'as que des actions Air Liquide et Dassault, tu es concentré au sein du secteur industriel français. L'absence de concentration (diversification) permet d'accomplir un résultat moyen dans tous les sens du terme. Se concentrer dans chaque secteur en investissant dans quelques actions très longuement analysées augmente les chances de surperformer (mais aussi de perdre plus...). Il est recommandé pour un investisseur particulier de ne pas dépasser une vingtaine de valeurs au sein de son portefeuille, tous secteurs confondus. Ceci afin d'être concentré dans chaque secteur pour être capable de les suivre de près. Et, même en connaissant ses positions sur le bout des doigts, on n'est jamais à l'abri d'une surprise. Regarde ce qu'il s'est passé en 2022 pour le groupe Orpea et son action !

Faire du *stock picking* n'est donc pas le choix le plus rationnel (par l'augmentation du risque, la baisse de la performance, les frais et l'imposition), mais si tu y trouves du plaisir, que tu es conscient des risques, et que cela ne représente qu'une petite portion de ton portefeuille, pourquoi pas !

Il existe une quatrième option : les fonds indiciels

Si tu veux investir en Bourse sans y passer des heures chaque mois et sans avoir peur de te tromper dans le choix de tes actions, il existe une solution considérée comme la meilleure pour 99 % des gens : les fonds indiciels, aussi appelés « *trackers* » ou « ETF » (pour « *Exchange Traded Funds* »). C'est simple, peu cher, performant, fiscalement optimisé, et surtout plus passif.

Un fonds indiciel, c'est quoi ? C'est un fonds d'investissement qui suit automatiquement l'évolution d'un indice boursier, à la hausse comme à la baisse. Un indice, c'est comme la moyenne d'une classe. Imagine une classe de 40 élèves : tu pourrais collecter les notes de chaque élève et calculer la moyenne toi-même, mais c'est fastidieux. L'indice, c'est comme si tu allais voir directement le professeur pour qu'il te donne la moyenne. Par exemple, l'indice CAC 40 est la moyenne des 40 plus grosses entreprises françaises cotées en Bourse. La performance de cet indice est répliquée par des fonds indiciels. Ainsi, avec un seul achat, tu peux détenir une petite part de chacune de ces entreprises. Pourquoi s'embêter à choisir entre

TotalEnergies, LVMH ou Orange, alors que tu peux acheter tout le panier ? Mieux encore, tu peux acheter un fonds indiciel suivant la Bourse européenne dans son ensemble, ou américaine, ou même la Bourse mondiale. Dans ce dernier cas, avec une seule ligne en portefeuille, tu investis un petit peu dans toutes les plus grosses entreprises du monde ; tu profites de leur performance, à moindre effort !

Ce type d'investissement est une véritable disruption, née dans les années 1970 aux États-Unis avant de s'étendre progressivement au reste du monde. Et pour cause, la surperformance des bons fonds indiciels est bien établie maintenant[13], avec une charge mentale de gestion inexistante.

Mais pourquoi les fonds indiciels surperforment ?

On l'a vu, l'immense majorité des fonds actifs (gérés par des professionnels, avec des frais élevés et des paris de gestion) ne battent même pas leur indice de référence sur le long terme. Alors, au lieu d'acheter un fonds qui tente de battre le CAC 40 ou le S&P 500, pourquoi ne pas tout simplement acheter le CAC 40 ou le S&P 500 ? C'est ça, la philosophie de l'investissement indiciel. Et ça fonctionne. Parce que ce qui compte pour ta performance, ce ne sont pas tellement les actions que tu choisis, mais ton exposition au marché dans la durée. Les portefeuilles les plus performants ne sont pas ceux qui font les meilleurs paris, ce sont souvent ceux qu'on a oubliés. Pour surperformer, il faut dénicher la prochaine pépite avant tout le monde. Trouver la prochaine perle de l'intelligence artificielle ou le prochain Amazon, c'est comme chercher une aiguille dans une botte de foin. Alors pourquoi ne pas acheter directement… la botte de foin ? C'est ce que fait un fonds indiciel. Il contient les futures pépites sans que tu aies besoin de les deviner à l'avance.

Soyons clairs : la plupart des entreprises leaders d'aujourd'hui ne le seront plus dans 10 ans. On a vu Yahoo dominer le monde pendant la bulle Internet et disparaître. On a vu Nokia et BlackBerry régner sur le marché du mobile avant de s'effondrer. Les grandes entreprises d'aujourd'hui seront les anciennes gloires de demain. Et inversement, les entreprises qui tireront la performance du marché dans 10 ou 20 ans ne sont pas encore connues aujourd'hui. C'est ce qu'on appelle le « *tail-driven market* » : une grande partie de la performance du marché dans son ensemble provient de quelques rares valeurs championnes. Et comme personne ne peut les identifier de façon fiable à l'avance, autant toutes les avoir dans ton portefeuille dès maintenant grâce aux fonds indiciels. Et ce n'est pas tout : un indice et le fonds indiciel qui le suit s'auto-nettoient de façon inconsciente et intelligente. Les entreprises qui perdent de la valeur prennent de moins en moins de place dans l'indice, jusqu'à être évincées. Les entreprises qui prennent de l'ampleur sont automatiquement mieux représentées dans le fonds. C'est donc un mécanisme darwinien naturel : ton portefeuille garde les gagnants et laisse sortir les perdants. Un peu comme si tu avais un gestionnaire automatique, ultraperformant et payé 10 fois moins cher (on parle de frais de gestion annuels entre 0,1 % et 0,5 % !).

Autre avantage majeur : la diversification. En achetant un seul grand fonds indiciel mondial, tu es exposé à tous les grands secteurs de l'économie ainsi qu'à toutes les zones géographiques.

FOCUS → L'IMPORTANCE DE LA DIVERSIFICATION

Diversifier, c'est répartir son patrimoine sur plusieurs classes d'actifs, secteurs d'activité, zones géographiques et types de marchés, afin de ne pas mettre tous ses œufs dans le même panier. Ce principe fondamental repose sur une réalité simple : les différents actifs ne réagissent pas tous de la même façon aux événements économiques. L'idée est donc de construire un ensemble d'investissements dont les performances ne sont pas corrélées entre elles, ou peu, pour lisser la volatilité du portefeuille et améliorer ses rendements à long terme.

Côté actions, la diversification passe d'abord par les secteurs d'activité : santé, consommation de base, télécoms, énergie, industrie, technologie, immobilier, finance… Cette diversification sectorielle, couplée à une diversification géographique (pays développés, émergents…), peut être obtenue de manière simple et peu coûteuse *via* un fonds indiciel répliquant un indice mondial. Pour les plus impliqués, une sélection rigoureuse d'actions individuelles peut aussi s'en rapprocher. La diversification est l'arme principale de l'investisseur rationnel. C'est une réponse au caractère fondamentalement imprévisible du futur, car nul ne peut savoir à l'avance quel actif performera le mieux.

On oublie trop souvent que le passé lui-même aurait pu évoluer différemment. C'est pourquoi, pour se préparer aux multiples futurs possibles, il faut s'exposer à une large palette d'actifs relativement indépendants les uns des autres. Si elle est bien conçue, la diversification augmente les performances ajustées au risque sur le long terme, en réduisant la probabilité de fortes pertes. Elle est aujourd'hui facile à mettre en place, avec des outils peu coûteux et accessibles à tous. Mais elle reste contre-intuitive, car une diversification bien faite implique forcément de posséder des actifs décevants à tout moment, et même de le souhaiter. C'est ça, le prix de la robustesse !

Cette recherche de diversification est donc essentielle. Les fonds indiciels le font très bien et de façon très économique. Former un portefeuille diversifié soi-même, c'est extrêmement difficile. On a tous tendance à faire du *clustering* sectoriel : choisir sans le vouloir des entreprises qui évoluent dans les mêmes secteurs, dans le même pays ou qui sont affectées par les mêmes mécanismes. C'est un biais très courant chez les investisseurs particuliers et même chez certains pros. Il est également difficile de résister à la tentation de toujours vouloir rééquilibrer son portefeuille lorsque celui-ci évolue : la plupart des investisseurs particuliers vendent leurs actions gagnantes trop tôt (par peur de perdre leurs gains) et gardent trop longtemps les actions qui baissent (en espérant qu'elles remontent). Cette stratégie peut nuire à la performance de long terme en freinant la croissance naturelle des gagnants. Il est souvent plus judicieux de faire l'inverse, laisser les champions du portefeuille devenir dominants, comme le font automatiquement les fonds indiciels !

Ces fonds sont donc un excellent remède contre notre pire ennemi en Bourse : nous-mêmes. Nos émotions, nos impulsions, notre impatience. Heureusement, un ETF, lui, n'a pas d'émotions. Il suit le marché, sans état d'âme. C'est ce qu'on appelle l'investissement passif, et c'est redoutablement efficace. Bref, si tu veux investir en Bourse sans te prendre la tête, profiter de la croissance des plus grands marchés, diversifier au maximum et limiter tes erreurs émotionnelles, les fonds indiciels sont actuellement la meilleure option que tu puisses envisager. C'est ce que j'ai choisi et ce que je recommande dans presque tous les cas.

RÈGLE D'OR #14

IL EST VAIN D'ESSAYER DE BATTRE DURABLEMENT LES GRANDS INDICES BOURSIERS, LE MIEUX EST DE SE CONTENTER DE LES COPIER !

Attention, il y a tout de même des choix actifs à faire : tu devras choisir un indice, avec des critères objectifs mais aussi avec tes convictions. Ensuite, il faudra sélectionner un fonds indiciel correspondant, mais surtout parvenir à le conserver sur la durée. Voyons tout de suite tes options !

6. QUELS SONT LES INDICES À SUIVRE ?

La France et l'Europe

Il peut sembler intuitif et rassurant d'investir dans son propre marché national, par exemple *via* le CAC 40. On pense mieux connaître ses grandes entreprises (LVMH, TotalEnergies, AXA, Airbus...) parce qu'on les voit au quotidien dans les médias ou dans notre environnement. Cette impression de familiarité peut inciter à y allouer une part trop importante de son portefeuille. Mais attention, ce biais domestique est une erreur classique. En réalité, le CAC 40 est largement tourné vers l'international ; le chiffre d'affaires réalisé en France par les entreprises du CAC est très minoritaire. Par exemple, le marché principal de LVMH, ce n'est pas la France, mais la Chine. S'imaginer que l'on comprend mieux ces entreprises parce qu'on est Français est un leurre. Investir dans le CAC 40 peut avoir du sens, mais en faible proportion, en étant lucide sur ce qu'il représente : il ne pèse que 3 % de l'indice mondial MSCI World, et il sous-performe historiquement les indices américains et mondiaux. Malgré cela, il offre un beau rendement composé de 7,75 % par an en moyenne (brut d'inflation). Contrairement aux États-Unis, la France (et plus généralement l'Europe) ne concentre pas les plus grosses entreprises technologiques ou les moteurs actuels de croissance mondiale. Se surexposer au CAC 40 revient donc à prendre un pari géographique risqué.

Et le marché européen ?

L'indice européen de référence est le STOXX Europe 600, qui regroupe les 600 plus grandes entreprises de 17 pays européens, couvrant environ 90 % de la capitalisation boursière européenne. Il permet une vraie diversification géographique et sectorielle au sein du continent. Avec réinvestissement des dividendes, son rendement composé est de 7,9 %, tout en ayant un cours moins volatil que le CAC 40. C'est un bon exemple de la puissance des marchés actions à long terme, même sur un continent souvent perçu comme moins dynamique. Cela dit, l'Europe reste en retrait par rapport aux États-Unis en matière de croissance boursière sur une longue période.

Et les États-Unis, alors ?

Investir massivement aux États-Unis est, historiquement, une stratégie pleine de bon sens. La performance boursière américaine sur le dernier siècle est bien supérieure à celle de la Bourse française. Et pour cause : les moteurs de l'économie mondiale actuelle sont des entreprises américaines. Parmi les indices disponibles, on distingue :

- Le Dow Jones : les 30 plus grandes entreprises industrielles américaines. C'est le plus vieil indice au monde !
- Le Nasdaq : très concentré sur les entreprises technologiques (Google, Meta, Tesla...), ce qui le rend plus volatil, mais potentiellement très rentable.

- Le S&P 500 : l'indice phare, celui que la majorité des investisseurs retiennent. Il regroupe les 500 plus grandes entreprises cotées des États-Unis, et couvre environ 80 % de la capitalisation boursière américaine. C'est aujourd'hui le *gold standard*. Avec un rendement composé de 10,8 %, le S&P 500 est l'un des indices les plus performants avec une très bonne rentabilité par rapport au risque encouru, même en comparaison avec d'autres indices bien diversifiés. Faisons parler ce rendement plus clairement : sur 30 ans, il multiplie un capital initial 2,6 fois plus qu'un fonds indiciel CAC 40 !

L'indice est pondéré par la capitalisation boursière : plus une entreprise est valorisée, plus elle pèse dans l'indice. Ainsi, aujourd'hui, Apple, Microsoft ou Nvidia représentent chacune environ 7 % du S&P 500, tandis que des sociétés plus petites comme Etsy n'en représentent que 0,2 %. Cette méthode de pondération explique pourquoi le S&P 500 est aujourd'hui fortement dominé par les valeurs technologiques, qui sont aussi les plus performantes depuis plus d'une décennie. Mais cette surperformance s'explique aussi par des facteurs culturels qui rendent le marché américain particulièrement dynamique. D'abord, l'esprit entrepreneurial est profondément enraciné aux États-Unis : la prise de risque y est valorisée, le capital-risque abondant, les salaires dans la tech stimulants, et l'innovation est soutenue à tous les niveaux, comme on le voit avec l'intelligence artificielle aujourd'hui largement dominée par les États-Unis. Ensuite, l'actionnariat individuel y est extrêmement développé.

Le système de retraite repose majoritairement sur la capitalisation, poussant des millions d'Américains à investir en Bourse, de plus en plus souvent à travers des fonds indiciels adossés au S&P 500. Résultat : ces flux réguliers alimentent directement la croissance de l'indice, et participent à sa résilience.

Est-ce que les États-Unis resteront la puissance de premier plan dans le monde de demain ? Personne ne le sait. On constate cependant que leurs performances passées ont marqué les esprits, incitant de nombreux investisseurs à parier sur leur poursuite. Cette popularité se traduit par des marchés américains aux prix relativement élevés, ce qui, en théorie, réduit la probabilité que leurs performances futures égalent celles du passé.

Investir globalement dans les pays développés

Investir dans les entreprises des pays développés, c'est profiter à la fois de la force des États-Unis et des champions de l'Europe, du Japon ou du Canada, sans avoir à deviner qui sera la star de demain. C'est exactement ce que propose le très populaire indice MSCI World, qui réunit plus de 1 300 grandes capitalisations dans 23 pays dits développés. Concrètement, il couvre près de 85 % de la capitalisation boursière de ces pays, avec une pondération par capitalisation :

- États-Unis : ~70 % de l'indice ;

- Europe (France, Royaume-Uni, Allemagne…) : ~20 % ;
- Asie développée (Japon, Singapour…) : ~10 %.

Le MSCI World est donc très corrélé au S&P 500, car les économies développées sont très interconnectées (crise 2008, pandémie, etc.). Il est tout de même légèrement moins performant en raison de sa moindre concentration sur les valeurs américaines hautement croissantes : on perd historiquement un demi-point de rendement annuel (10,3 %), mais on gagne en diversification géographique. Attention, la différence de rendement a été gonflée par l'incroyable performance américaine pendant la décennie 2010. Il y a eu des phases de l'histoire où les autres pays développés ont surperformé les États-Unis, les années 1980 et la décennie 2000, par exemple. Même si les marchés sont très corrélés, avoir des indices mondiaux dans ces moments permettait de dégager plus de performance grâce à la diversification. En choisissant le MSCI World, on reconnaît l'incertitude légitime sur les gagnants futurs de l'économie mondiale et on mise sur leur sélection automatique sans faire de pari. C'est une posture d'humilité très pertinente, permettant de rester dans la course quel que soit le scénario économique mondial. C'est à juste titre un favori des investisseurs à long terme !

Élargissons les horizons : les pays en voie de développement

Si tu veux élargir ton portefeuille au-delà des pays développés, les marchés émergents sont une option à considérer. L'indice MSCI Emerging Markets rassemble les plus grandes capitalisations de pays dits en voie de développement : essentiellement la Chine, Taïwan, l'Inde, la Corée du Sud, le Brésil et une vingtaine d'autres. En effet, cet indice est relativement décorrélé du marché américain, ce qui permet une vraie diversification, tout en présentant un rendement composé historique de 9,9 %.

Sur les dernières décennies, le MSCI Emerging Markets a sous-performé les marchés développés alors que les économies concernées sont en plein boom. L'exemple chinois est particulièrement parlant. Mais comment expliquer ce paradoxe ? En fait, les pays émergents connaissent de forts taux de croissance du PIB, mais cela ne se traduit pas toujours en croissance par action, en raison de valorisations élevées, de l'augmentation du nombre d'actions en circulation (dilution), et, car seule une partie de ces marchés est accessible aux investisseurs étrangers. Il existe un risque réel politique et réglementaire (restrictions sur les investissements étrangers, contrôle des capitaux, instabilité institutionnelle, etc.) qui, associé aux risques de variation des devises, explique la volatilité importante avec la possibilité de pertes dans des proportions beaucoup plus élevées !

Les fonds indiciels répliquant le MSCI Emerging Markets ne sont donc pas indispensables, mais peuvent être un complément à un portefeuille centré sur les pays développés. Attention toutefois à la volatilité et aux risques spécifiques : ces investissements devraient rester minoritaires dans ton portefeuille. Si tu souhaites t'y exposer, tu peux trouver des fonds passifs basés sur l'indice MSCI World ACWI qui vont combiner les pays développés et en voie de développement.

Investir dans les petites et les moyennes entreprises cotées

Jusqu'à présent, on a parlé des très grands groupes cotés en Bourse. Tu as également la possibilité d'investir dans des ETF focalisés sur les petites et les moyennes entreprises (*small* et *mid caps*). Il est connu depuis longtemps que celles-ci offrent souvent des taux de rendement bien supérieurs à ceux des géants établis. En dénichant ces entreprises à un stade plus précoce, tu bénéficies de leur croissance avant qu'elles ne basculent en *large cap* et tu gagnes en diversification. Attention toutefois, cette surperformance se vérifie surtout en achetant des titres des plus petites entreprises cotées, très peu liquides. En réalité, les fonds indiciels *small caps* n'y ont pas forcément accès et sont obligés de les diluer avec des titres moins rentables : finalement le rendement composé annuel est décevant par rapport aux promesses (7,5 % pour le

MSCI World Small Caps). En pratique, il n'est pas judicieux de privilégier cette voie pour un investisseur débutant, d'autant plus que la volatilité des rendements y est importante.

7. COMMENT CHOISIR UN ETF ?

Une fois que tu as choisi l'indice à suivre, il reste à sélectionner le bon ETF. Voici les principaux critères à regarder.

L'encours du fonds

L'encours (souvent exprimé en millions d'euros) correspond au montant total investi dans l'ETF. Un encours élevé est un bon signe : le fonds est populaire, bien établi, donc plus stable. Il bénéficie aussi d'économies d'échelle, ce qui peut tirer les frais vers le bas. À l'inverse, un ETF peu investi a plus de risques d'être fermé. Dans ce cas, tu récupérerais ton capital, mais potentiellement en moins-value si les actifs sont vendus en marché baissier. Côté pratique, un bon encours assure aussi une meilleure liquidité : tu pourras acheter ou revendre facilement, sans attendre.

La méthode de réplication

Elle peut être physique ou synthétique.

• Physique : le fonds indiciel achète directement les actions de l'indice. C'est simple et les frais sont bas, mais il peut y avoir un léger écart de performance si l'ETF ne détient pas toutes les valeurs.

• Synthétique : le fonds passe par un contrat financier (*swap*) pour copier la performance de l'indice sans acheter les actions. Les frais sont légèrement plus élevés. Un certain nombre de fonds sur le plan d'épargne en actions fonctionnent de cette façon.

La performance nette

Il ne suffit pas de comparer les frais sur le papier : ce qui compte vraiment, c'est la performance après frais, autrement dit la performance nette. Deux ETF sur le même indice peuvent afficher des résultats différents, selon leurs frais courants et leur méthode de réplication. Moins de frais, c'est mieux à conditions égales, mais ce n'est pas le seul critère. Regarde toujours les performances passées, même si elles ne garantissent pas l'avenir.

Le prix de la part

Un ETF dont la part coûte 30 ou 50 euros sera plus facile à intégrer dans un investissement mensuel qu'un ETF à 600 euros. Plus la part est accessible, plus tu pourras investir régulièrement et lisser tes achats dans le temps.

Capitalisation ou distribution ?

En phase de construction de patrimoine, privilégie un ETF capitalisant, qui réinvestit automatiquement les dividendes. C'est plus efficace fiscalement et cela maximise l'effet boule de neige des rendements composés. Les ETF distribuants, qui versent les dividendes en cash, sont utiles si tu cherches à générer un revenu régulier à terme.

La disponibilité chez ton courtier

Dernier point, mais pas des moindres : vérifie que l'ETF est bien proposé par ton courtier (nous allons voir dans la suite du chapitre comment choisir son courtier pour accéder à la Bourse).

8. LES BONNES PRATIQUES POUR GÉRER SON PORTEFEUILLE

Quand acheter en Bourse ?

La plupart des néo-investisseurs qui se lancent en Bourse ont déjà un petit capital à placer qu'ils souhaitent alimenter par la suite. Pour se lancer, il y a trois options disponibles :

- Placer l'intégralité du capital immédiatement.
- Attendre un meilleur moment pour placer l'intégralité du capital.
- Investir progressivement cette somme, par exemple en plaçant une part égale tous les mois.

Cette troisième méthode est celle du « *Dollar Cost Averaging* » qui consiste à acheter un actif à intervalle régulier, quel que soit le niveau du marché, dans le but de lisser son prix d'achat sur le long terme. C'est une stratégie très plébiscitée actuellement.

À ton avis, quelle est la stratégie d'entrée la plus intéressante la majorité du temps ?

Retournons dans le passé pour voir quelle méthode est à privilégier pour investir un montant significatif, par exemple 10 000 euros. Voyons quel capital tu aurais, en 2023, si tu avais commencé à investir dans le S&P 500, en 2003, en fonction de si tu avais investi une fois le 1er janvier 2003 ou bien si tu avais réparti ton investissement le 1er de chaque mois de l'année 2003. Répétons ensuite les calculs avec un investissement débuté toutes les années suivantes. Voici ce qu'on obtient :

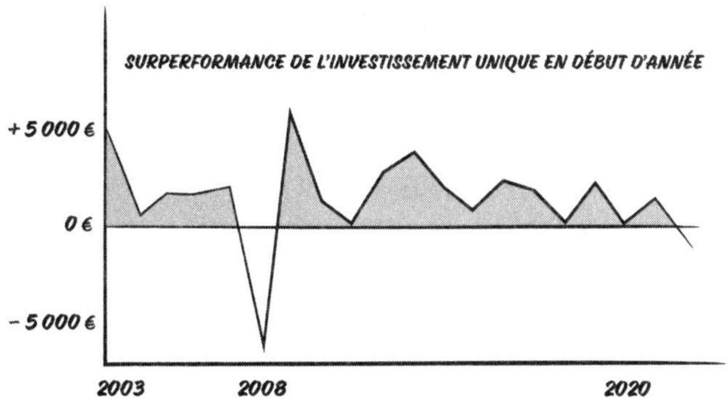

Différence de capital final, en 2023, selon que les 10 000 euros ont été investis en une fois le 1er janvier de chaque année, ou répartis sur 12 mensualités de janvier à décembre. Exemple : si tu avais investi 10 000 euros le 1er janvier 2008, tu aurais sous-performé de 5 000 euros en 2023 par rapport à si tu avais réparti ton investissement sur le 1er de chaque mois de l'année 2008.

La majorité du temps, les chiffres montrent qu'investir immédiatement est plus efficace, et ce constat se répète année après année, hors périodes exceptionnelles comme en 2008. La rentrée progressive mensualisée sur le marché ne t'aurait été bénéfique que 25 % du temps pour une différence marginale. C'est assez logique car, la plupart du temps, les grands indices boursiers sont en hausse. Plus tu prends ton temps pour entrer, moins tu bénéficies de la hausse qui a lieu dans l'année. La majorité de la performance boursière est faite sur quelques jours de l'année ; si tu n'es pas complètement investi dans ces moments-là, la facture est salée ! Maintenant, je comprends qu'investir une forte somme d'un coup, sans se poser beaucoup de questions sur le niveau du marché, est très difficile psychologiquement. Il est légitime d'investir progressivement pour avoir l'esprit plus léger au risque de perdre un peu de performance. Il ne faut pas non plus que tes investissements t'empêchent de dormir !

On a compris qu'il est statistiquement plus intéressant de placer l'intégralité du capital d'un coup. Mais n'est-ce pas intelligent d'attendre une baisse du marché ? Chercher à avoir le bon timing est une attitude qui est très répandue chez les investisseurs boursiers, qui jugent souvent les prix comme trop élevés et qui préfèrent garder leur épargne sur des livrets en attendant une correction, pour entrer sur les marchés quand il y a les « soldes » sur les valorisations boursières. Il semble naturel de chercher le point bas pour acheter et un bon point haut pour revendre, mais, comme cette façon de faire ne repose que sur de l'instinct, laissons parler les chiffres pour y voir plus clair. Quel capital aurais-tu, en 2023, en fonction de si tu avais investi l'intégralité de tes 10 000 euros en début d'année 1993 dans le S&P 500 ou bien si tu avais attendu la prochaine baisse d'au moins 15 % ? En 1993, par exemple, tu aurais attendu la correction d'août 1998 pour investir tes 10 000 euros d'un coup. Reposons-nous cette question tous les ans : aurais-je mieux fait d'acheter tout de suite ou d'attendre la prochaine correction d'au moins 15 % ?

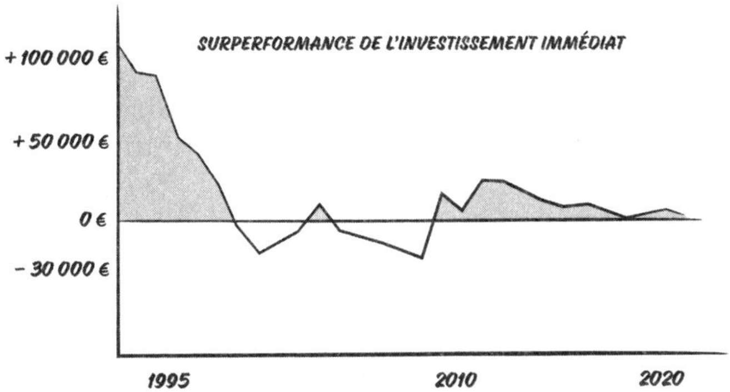

Différence de capital en 2023 si tu avais investi 10 000 euros le 1er janvier de chaque année, ou si tu avais attendu la prochaine baisse d'au moins 15 % pour investir au plus bas. Exemple : si tu avais investi 10 000 euros le 1er janvier 1995, tu aurais surperformé de presque 100 000 euros en 2023 par rapport à si tu avais attendu la correction d'août 1998.

Sur la période étudiée, il faut attendre en moyenne environ 3 ans pour que cette correction se produise. On voit qu'il aurait été intéressant de l'attendre seulement avant les périodes de grosses turbulences du marché (éclatement de la bulle de l'an 2000, krach de 2008-2009). Autrement dit, 70 % du temps, il est plus rentable d'investir immédiatement ton capital en Bourse sans te prendre la tête sur le niveau de valorisation actuel. Mais attention, il faut replacer cette petite expérience dans son contexte. J'ai volontairement supposé un point d'entrée idéal dans chaque creux, ce qui est bien sûr irréaliste. Dans ce contexte, peu de gens osent entrer dans le marché, car personne ne sait jusqu'où la baisse va aller : les points d'entrée sont généralement trop tardifs, quand le marché se redresse déjà. Dans des conditions réalistes, le résultat de l'expérience serait vraisemblablement plus unanime en faveur de l'investissement immédiat.

Alors oui, dans le futur il y aura de meilleurs prix, mais tu ne devrais pas les attendre, le coût d'opportunité à ne pas être investi est trop important ! Il ne faut jamais essayer d'anticiper les mouvements de marché, car son évolution est majoritairement influencée par des événements totalement imprévisibles – l'exemple le plus récent étant celui du krach de 2020 dû à une pandémie brutale. Il y a plus d'argent à perdre en attendant un krach que pendant les krachs eux-mêmes !

La plupart du temps, les grands marchés internationaux sont faits d'une succession de plus hauts historiques avec des pics toujours un peu plus hauts que les précédents. Tous les investisseurs sont victimes d'un biais d'ancrage, celui de juger le prix actuel par rapport au prix d'achat initial ou moyen (comme pendant les soldes). Ce n'est pas parce qu'on a acheté un actif à 200 euros qu'à 400 euros il est surévalué ! Il n'est donc pas rationnellement pertinent de provisionner un capital à investir en cas de baisse. Il est généralement préférable de l'investir le plus tôt possible afin d'activer les rendements composés !

Mais alors, dans quel cas utiliser le *Dollar Cost Averaging*, l'investissement régulier dans le temps ? Il s'agit effectivement d'une excellente stratégie, mais pas dans le contexte de l'investissement d'un capital significatif et occasionnel. Le *Dollar Cost Averaging* entre en scène avec les sommes que tu économises tous les mois grâce à tes revenus, et te permettra de lisser ton prix d'achat sur la durée en renforçant ta position quel que soit l'état du marché. Cette régularité et cette assiduité te permettront de baisser la volatilité de ton portefeuille et de profiter occasionnellement de baisses. Donc pas besoin d'être un expert et de scruter les cours de Bourse tous les jours, au contraire !

RÈGLE D'OR #15

EN BOURSE, INVESTIS TOUT L'ARGENT DISPONIBLE DANS CE BUT, ET INVESTIS-LE AUJOURD'HUI !

Le *Dollar Cost Averaging* formalise une idée toute simple : la meilleure façon de bâtir un patrimoine financier est d'acheter de bons actifs en permanence. En théorie, investir précisément le même montant tous les mois, le même jour, n'a pas d'autre importance que celle de te créer un rituel d'investissement. Cette approche ne fonctionne sur la durée que si tu fixes les règles du jeu à l'avance. Elle repose sur la discipline : il faut comprendre ses puissants avantages pour résister à la tentation d'en dévier par lassitude.

Prends l'habitude d'investir comme tu payes ton loyer ou tes courses. Sur la durée, cette habitude est la meilleure façon de faire décoller ton patrimoine en accumulant progressivement des actifs. Il n'y a pas de montant insignifiant pour investir : même si tu ne peux placer que 50 euros par mois en Bourse, c'est profitable. Tu développes de vraies bonnes habitudes d'investissement sans te faire peur. Tu n'imagines pas le service que tu te rends pour après !

Attention : cette méthode ne doit être appliquée que sur de bons fonds indiciels, historiquement haussiers. Sur des actions individuelles, le danger est d'acheter de plus en plus d'actions d'une entreprise dont le cours ne cesse de baisser... et qui pourrait ne jamais se redresser. Dans ce cas, on accumule une perte croissante. C'est très dangereux !

Comment réagir pendant une récession ?

Les récessions et les krachs font partie intégrante du parcours de tout investisseur en actions. Il est fondamental de ne pas les craindre, mais de les comprendre : ce sont des phénomènes inévitables, qui représentent en réalité le prix à payer pour bénéficier à long terme de rendements supérieurs à ceux des actifs sans risque. Historiquement, les marchés actions en connaissent plusieurs majeurs par siècle et d'autres, moins importants, plus régulièrement, mais finissent généralement par rebondir. Pour un investisseur averti, une récession n'est donc pas un signal de panique, mais bien une formidable opportunité d'achat, notamment *via* les fonds indiciels diversifiés, à condition que l'indice sous-jacent soit solide.

Du point de vue mathématique, chaque baisse importante en pourcentage exige un rebond encore plus fort pour revenir au point d'origine (exemple : une baisse de 50 % nécessite une remontée de 100 %). Cela crée mécaniquement un rendement annualisé potentiellement très élevé lors du retour à la moyenne, même si celui-ci prend plusieurs années. Par ailleurs, si le marché reste déprimé pendant un temps, la stratégie d'achat périodique à somme fixe (*Dollar Cost Averaging*) devient redoutablement efficace : en investissant régulièrement à des niveaux de valorisation plus bas, l'investisseur diminue son coût de revient moyen et maximise la performance future lors du retour du marché haussier. Fuir les marchés pendant les récessions, c'est souvent manquer les plus fortes hausses, qui surviennent fréquemment dans les semaines ou mois suivant les pires périodes. C'est pourquoi, dans une logique rationnelle d'investissement, il ne faut pas craindre les baisses, mais plutôt les accueillir avec méthode et sang-froid.

RÈGLE D'OR #16

LES KRACHS SONT GÉNÉRALEMENT DES OPPORTUNITÉS D'INVESTISSEMENT.

Comment vendre ses positions ?

Vendre un actif boursier est l'une des décisions les plus complexes pour un investisseur, car elle combine de puissants enjeux psychologiques, fiscaux et stratégiques. Cette décision doit être anticipée et rationnelle : une vente impulsive, motivée par la peur ou l'euphorie, mène souvent à des erreurs coûteuses. Fiscalement, en France, toute plus-value réalisée est généralement imposable, ce qui signifie que chaque vente affecte le rendement net de l'opération. Sur le fond, plusieurs cas peuvent légitimement motiver une vente :

- Si l'actif sous-performe durablement et que les fondamentaux se dégradent, que la thèse d'investissement est invalidée ou qu'une meilleure occasion d'investissement existe. Vendre permet alors d'éviter l'effet d'ancrage qui pousse à conserver une position perdante par attachement.
- Si la vente répond à un besoin de liquidités.
- S'il y a nécessité de rééquilibrer son portefeuille, par exemple, pour en réduire le risque.

Dans tous les cas, il est souvent plus judicieux de vendre par paliers successifs pour lisser le prix de vente dans le temps et réduire le risque de vendre au mauvais prix, étant donné que les grands indices internationaux évoluent historiquement à la hausse sur le long terme.

9. QUELLE EST LA BONNE ENVELOPPE POUR INVESTIR EN BOURSE ?

Cherchons le support qui nous permet de réinvestir le mieux possible notre argent d'une année sur l'autre, autrement dit celui qui nous donne l'effet boule de neige le plus puissant. Pour ça, il faut minimiser le plus possible les frais et les frottements fiscaux. Concrètement, il nous faudra une stratégie avec le minimum de frais de gestion et surtout une imposition différée et avantageuse. En France, on a plusieurs options de support pour héberger notre capital : le compte-titres ordinaire, le plan d'épargne en actions, l'assurance-vie, le plan d'épargne retraite et le plan d'épargne entreprise.

Le compte-titres ordinaire

C'est le support boursier le plus flexible : il n'existe aucune limite au nombre de comptes que l'on peut détenir ni concernant le montant investi. Il permet d'accéder à tous les actifs cotés dans le monde (actions, obligations, ETF, fonds, dérivés, etc.), à condition que le courtier choisi y donne accès. Ce marché étant très concurrentiel, en particulier avec la montée en puissance des courtiers en ligne, les frais courants y sont souvent très faibles, voire nuls, et certains proposent même l'achat de fractions d'actifs, rendant accessible l'investissement sur des titres très chers, comme des actions américaines à plusieurs centaines de dollars.

En revanche, le compte-titres ne bénéficie d'aucun avantage fiscal. Tous les revenus – dividendes perçus et plus-values réalisées – sont soumis au prélèvement forfaitaire unique (PFU) de 30 %, soit 12,8 % d'impôt sur le revenu et 17,2 % de prélèvements sociaux. Il est possible de choisir l'imposition au barème progressif, mais cela n'est intéressant que si l'on est faiblement imposé (taux marginaux d'imposition de 0 ou 11 %). Important : la fiscalité concerne tous les dividendes perçus et toutes les plus-values réalisées l'année précédente. Et cela, que ces capitaux soient retirés du compte ou non ! Pour cette raison, il est fortement recommandé d'y utiliser exclusivement des fonds indiciels capitalisants pour éviter de toucher officiellement des dividendes et esquiver ainsi un prélèvement fiscal annuel, qui érode complètement la performance. De plus, il faut impérativement garder l'imposition sur les plus-values pour la fin du plan, c'est-à-dire ne jamais vendre pendant la phase de croissance du patrimoine, ce qui est souvent irréaliste...

Enfin, il est utile de rappeler que, si les titres sont transmis en cas de décès de l'investisseur, les gains accumulés mais non encore imposés (les plus-values latentes) disparaissent pour le fisc. Les héritiers n'auront donc pas à payer d'impôt sur ces gains, seulement les droits de succession habituels.

Le plan d'épargne en actions (PEA)

Il a été instauré pour encourager les Français à investir dans l'économie nationale et européenne alors que les particuliers restaient largement absents des marchés actions. Pour y parvenir, le législateur a conditionné un avantage fiscal majeur : l'exonération totale de l'impôt sur le revenu des gains après 5 années de détention, en échange de plusieurs contraintes : un seul PEA par personne et un plafond de versements fixé à 150 000 euros. Concrètement, tant que le titulaire n'effectue aucun retrait pendant les 5 premières années, il peut acheter, vendre et réinvestir sans subir d'imposition : aucun PFU à 30 % n'est appliqué sur les opérations de vente, puis de rachat de titres (les arbitrages) ou sur la distribution des dividendes, contrairement au compte-titres. En cas de retrait avant 5 ans, non seulement le PEA est automatiquement clôturé, mais les gains deviennent immédiatement imposables au PFU, ce qui annule l'intérêt de l'enveloppe. Passé la barre des 5 ans, le régime bascule : seules les charges sociales à 17,2 % sont dues au moment de chaque retrait, qu'il s'agisse de dividendes ou de plus-values.

Le principal défi technique du PEA réside dans son univers d'investissement, en théorie limité aux valeurs françaises et européennes. Les géants américains comme Apple, Microsoft ou les fonds indiciels S&P 500 et MSCI World sont inéligibles dès lors qu'ils reposent sur une réplication physique. La solution pour être exposé à ces marchés sur le PEA tient dans les fonds indiciels à réplication synthétique domiciliés en Europe et cotés en euros. Par le biais d'un contrat financier, ces fonds répliquent la performance des indices mondiaux sans acquérir les titres sous-jacents. Les frais de gestion de ces ETF synthétiques restent très compétitifs (généralement entre 0,2 % et 0,4 % par an), et leur liquidité est comparable à celle des fonds physiques. Stratégiquement, le PEA se prête tout autant à une gestion passive qu'à des arbitrages périodiques : l'absence d'imposition immédiate permet de rééquilibrer son portefeuille autant de fois que nécessaire, sans frottement fiscal.

Malgré ses atouts, le PEA souffre d'une image souvent jugée ringarde. Les statistiques montrent que l'âge moyen des titulaires dépasse la cinquantaine, avec un encours moyen d'environ 16 000 euros. Peu de jeunes, et encore moins de femmes, franchissent le pas pour y investir une part significative de leur patrimoine. C'est regrettable, car ce sont précisément les épargnants les plus jeunes qui disposent d'un horizon temporel suffisamment long (20, 30, voire 40 ans) pour tirer pleinement parti de l'effet de capitalisation et de l'exonération fiscale. Il reste indiscutablement l'enveloppe la plus performante pour investir sur le marché actions, qu'elles soient européennes ou, *via* la réplication synthétique, mondiales.

L'assurance-vie

Prenons le temps de faire un état des lieux complet de l'assurance-vie, ce placement très apprécié des

Français, et voyons si, derrière le battage marketing et la confiance instinctive qu'il suscite, il remplit véritablement ses promesses. L'assurance-vie tire sa popularité de plusieurs ressorts psychologiques et culturels. Son appellation même évoque, à tort, un produit de prévoyance ou de protection sociale, plutôt qu'un instrument financier, et crée un sentiment de sécurité. Lorsque l'épargnant s'adresse à son conseiller bancaire pour mieux gérer son argent, l'assurance-vie lui est presque systématiquement proposée : c'est le socle du modèle économique des réseaux de distribution. Les chargés de clientèle, dont la rémunération dépend largement des commissions à l'ouverture et des rétrocessions, ont tout intérêt à promouvoir ce produit, même si ses frais – droits d'entrée, frais de gestion annuels du contrat, frais de gestion des unités de compte, surcommission sur gestion pilotée – sont parmi les plus élevés du marché. En bout de chaîne, ce sont les intermédiaires financiers qui profitent le plus de l'assurance-vie, et non l'épargnant.

Pourtant, l'assurance-vie n'est pas qu'un cas d'école de conflit d'intérêts : c'est avant tout une enveloppe unique en France par sa souplesse et sa diversité de supports. À l'intérieur d'un même contrat, l'assuré peut répartir ses versements entre le fonds euros et les unités de compte, ces poches d'investissement risqué qui peuvent regrouper des actions cotées, des obligations, des parts d'immobilier indirect ou même du *private equity*.

ASSURANCE-VIE MULTISUPPORTS

FONDS EUROS :

- FONDS OBLIGATAIRES PEU RÉMUNÉRATEURS SANS RISQUE DE PERTE EN CAPITAL

UNITÉS DE COMPTE :

ACTIFS DYNAMIQUES AVEC RISQUE DE PERTE EN CAPITAL :

- FONDS ACTIONS TRADITIONNELS OU INDICIELS
- FONDS OBLIGATAIRES
- PIERRE-PAPIER (SCPI, SCI...)
- TITRES VIFS (ACTIONS, OBLIGATIONS)
- PRIVATE EQUITY

...

Cette architecture tout-en-un permet de gérer simultanément plusieurs classes d'actifs, alors qu'en dehors de l'assurance-vie, rassembler immobilier indirect, actions et obligations nécessiterait de multiplier plusieurs comptes. Les arbitrages, c'est-à-dire les changements de répartition d'un support à l'autre, et les versements programmés se réalisent en quelques clics, ce qui diminue fortement les frictions administratives et fiscales pendant la phase d'accumulation.

Le fonds euros, abondamment mis en avant par les conseillers pour rassurer les clients, est certes garanti, mais son rendement faible ne permet pas de faire croître un patrimoine sur le long terme. Il suit généralement l'évolution des rendements obligataires, ce qui signifie qu'il sert avant tout à stocker une partie de l'épargne sur le court ou moyen terme, et non à la faire croître. C'est pourquoi, pour atteindre des performances supérieures, il faut accepter d'exposer une portion de son contrat aux unités de compte. Or, culturellement, les Français craignent les actions. La terminologie floue « unités de compte » leur permet donc d'investir malgré tout sur les marchés financiers sans percevoir directement la volatilité, puisque la valorisation des fonds intervient souvent avec un décalage.

Venons-en au principal : l'attrait fiscal. Comme sur le PEA, tant que l'on ne retire pas de fonds du contrat (rachat partiel), il n'y a pas d'imposition. On peut donc toucher des dividendes et réinvestir les plus-values à 100 %.

En cas de retrait, les gains sont taxés au PFU de 30 % pendant les huit premières années du contrat. Au-delà, en revanche, la situation devient beaucoup plus intéressante : seul le taux de 17,2 % de prélèvements sociaux s'applique sur la part de plus-values intégrée au rachat, et l'abattement annuel de 4 600 euros (pour une personne seule) ou 9 200 euros (pour un couple soumis à imposition commune, tous contrats confondus) vient réduire encore la facture fiscale. Concrètement, si tu retires cette année un montant dont la plus-value est inférieure à 4 600 euros (ou 9 200 euros pour un foyer), tu ne payeras aucun impôt sur le revenu, seulement les prélèvements sociaux. Si ta part de gains dépasse ce seuil, elle est imposée à 7,5 % d'impôt sur le revenu, ou 12,8 % si tu as versé plus de 150 000 euros sur tes contrats d'assurance-vie, ou au barème s'il est plus favorable.

FISCALITÉ DE L'ASSURANCE-VIE

↓

AU MOMENT D'UN RETRAIT :

1. 17,2 % DE PRÉLÈVEMENTS SOCIAUX SUR LES PLUS-VALUES
2. ABATTEMENT DE 4 600 € SUR LES PLUS-VALUES
3. IMPOSITION SUR LES PLUS-VALUES AU-DELÀ (7,5 % OU 12,8 %)

Fiscalité d'un retrait sur un contrat d'assurance-vie de plus de 8 ans

La transmission successorale est l'autre grand argument de vente : les versements effectués avant 70 ans bénéficient d'un abattement de 152 500 euros par bénéficiaire (et non par contrat) nets de droits de succession. Un couple peut ainsi transmettre à ses deux enfants sans droits de succession jusqu'à 610 000 euros. Au-delà, les capitaux transmis sont taxés à 20 % jusqu'à 700 000 euros, puis à 31,25 % au-delà. Pour les sommes versées après 70 ans, l'intérêt successoral est moindre, mais il existe un abattement de 30 500 euros commun à l'ensemble des bénéficiaires, avant application des droits de succession.

On identifie clairement quatre situations où ce véritable couteau suisse patrimonial s'avère pertinent :

- pour stocker des liquidités (épargne de sécurité, épargne de projet) une fois les livrets réglementés pleins ;

- pour poursuivre l'investissement en actions une fois les supports plus économiques pleins (notamment le PEA) ;
- pour optimiser l'imposition de tes futurs revenus fonciers d'immobilier indirect ;
- pour anticiper une transmission de patrimoine important grâce aux abattements.

On voit bien que ce sont les patrimoines importants qui vont vraiment bénéficier de l'assurance-vie : ce n'est donc pas le premier produit à privilégier !

Le plan d'épargne retraite (PER)

Le PER est un outil conçu pour préparer ta retraite tout en réduisant tes impôts dès aujourd'hui. Il est particulièrement intéressant si ton taux marginal d'imposition (TMI) est élevé, à partir de 30 %, et surtout si tu es à 41 % ou 45 %. Autrement dit, c'est un produit qui s'adresse surtout à une minorité de contribuables fortement imposés.

Quand tu verses de l'argent sur un PER, tu peux déduire ces sommes de ton revenu imposable, ce qui baisse directement ton impôt à payer, dans une certaine limite. En contrepartie de cet avantage fiscal, l'argent placé sur un PER est bloqué jusqu'à la retraite, sauf exceptions. Et, surtout, ce n'est pas une exonération d'impôt définitive, mais un simple décalage dans le temps. À la sortie, tu seras imposé à nouveau et pas uniquement sur les gains, mais sur l'ensemble du capital. Si tu récupères ton épargne sous forme de capital, les versements volontaires seront imposés comme des pensions de retraite. Quant aux plus-values générées par tes placements, elles seront soumises au prélèvement forfaitaire unique de 30 %, sauf si tu choisis l'imposition au barème progressif. Tu peux aussi opter pour une sortie en rente, mais elle est alors soumise à une fiscalité un peu plus complexe, et souvent moins avantageuse à moins de battre des records de longévité !

Attention, ce n'est pas parce que le PER a un mécanisme d'optimisation fiscale que c'est forcément la solution la plus adaptée à ta situation, mais c'est un argument marketing qui fonctionne toujours aussi bien en France. Le PER reste avant tout un pari sur l'avenir : il est efficace si ta tranche d'imposition est plus faible à la retraite qu'au moment du versement. Mais ce n'est pas garanti : si tu investis bien et que tu te constitues un bon patrimoine, tu pourrais très bien rester dans une tranche d'imposition élevée même à la retraite, ce qui limiterait l'intérêt de ce support. Et, comme le PER est un placement de très long terme, l'incertitude fiscale pèse aussi dans la balance : une réforme future de la fiscalité, comme la suppression du prélèvement forfaitaire unique, pourrait rendre ce produit nettement moins attractif. Autre point à surveiller : les frais. La plupart des PER sont des contrats assurantiels avec des frais de gestion élevés, tout comme les assurances-vie, qui limitent leur performance sur le très long terme. Il est alors essentiel de s'orienter vers un contrat compétitif et proposant de bons fonds indiciels pour que le PER te soit bénéfique !

Dans certaines entreprises, il existe un PER collectif (PERCO) qui fonctionne de façon similaire, sauf que les versements volontaires peuvent être complétés par l'employeur *via* des abondements, intéressements et participations. Dans ces entreprises, il est généralement préférable de s'orienter vers un plan d'épargne entreprise qui, lui, n'a pas la contrainte du blocage des fonds jusqu'à la retraite.

Le plan d'épargne entreprise (PEE)

Le PEE te permet de placer tes primes d'intéressement ou de participation en échappant à l'impôt sur le revenu : seules les plus-values seront soumises aux prélèvements sociaux à la sortie après les 5 ans de blocage. C'est donc une façon très efficace d'investir un montant plus élevé que si tu avais touché directement les primes ! Tu peux aussi faire des versements volontaires sur ton PEE mais, là, le gain fiscal est bien moindre, car ces versements ne sont pas déductibles de ton revenu imposable. Dans certains cas, tu peux loger sur ton PEE des actions de ton entreprise achetées avec une décote : c'est l'actionnariat salarié. Son intérêt dépend du dynamisme de ton entreprise – on en revient aux limites de la sélection d'actions individuelles. Si ce n'est pas pour de l'actionnariat salarié, malheureusement, le choix de supports d'investissement est très limité sur PEE. Ce sont souvent des fonds actions traditionnels peu performants avec des frais importants qui annulent le gain fiscal initial… Mais quel est alors l'intérêt de ce support ? Le réel intérêt, c'est l'abondement de l'entreprise. Ton employeur peut compléter tes versements volontaires, parfois de manière très significative. Par exemple, si tu verses 1 000 euros, il peut ajouter 1 000, 2 000 euros ou même davantage selon le plan en place. Cet abondement représente un rendement immédiat imbattable ! Autre avantage : il n'existe pas de plafond global comme sur un PEA. Si tu bénéficies de primes élevées ou d'un abondement important, tu peux y loger une épargne considérable. En revanche, tout dépend de ta rémunération, puisque les plafonds d'abondement sont calculés en pourcentage de ton salaire brut.

Enfin, il faut garder en tête que, si ton entreprise te propose ce système, ce n'est pas seulement par générosité. Elle y gagne en payant moins de cotisations sociales que sur un salaire classique. Ce que tu récupères en capital, tu le perds en partie en droits futurs, notamment pour la retraite ou le chômage. En résumé, si ton entreprise te propose un PEE avec un abondement généreux, c'est une belle occasion à saisir malgré les limites des supports, mais, s'il y a peu d'abondements, il vaut mieux te tourner vers les options plus traditionnelles.

Récapitulatif des enveloppes pour investir en Bourse

J'ai conscience qu'il est difficile de s'y retrouver au milieu de toutes ces possibilités, alors présentons les choses plus simplement :

	Avantages/inconvénients pertinents	À utiliser pour investir en Bourse :
Compte-titres ordinaire	☑ Versements non limités ☑ Accès à tous les marchés ⚠ Imposition à chaque gain et sur chaque dividende	Si ton PEA est plein ET si le PER est peu intéressant pour toi
Plan d'épargne en actions	☑ Performance non freinée : pas de frais de gestion (sur les bons contrats) et réinvestissement libre des gains ☑ Exonération de l'impôt sur le revenu des gains retirés ⚠ Limite de 150 000 euros de versements	Dans tous les cas !
Assurance-vie	☑ Abattement fiscal annuel sur les retraits ☑ Très bon outil de transmission de patrimoine ⚠ Frais de gestion qui pèsent sur le long terme (> 20 ans)	Si tu anticipes la transmission d'un gros patrimoine financier ET si ton PEA est plein ET si le PER est peu intéressant pour toi
Plan d'épargne retraite	☑ Déduction fiscale immédiate sur tes versements ⚠ Frais de gestion qui pèsent sur le long terme (> 20 ans) ⚠ Particulièrement sensible à l'incertitude fiscale	Si ton PEA est plein ET si tu as une TMI très élevée et diminuant à la retraite
Plan d'épargne entreprise	☑ Pas d'impôt sur les primes placées ☑ Rendement instantané avec les abondements ⚠ Performance des actifs souvent décevante avec des frais de gestion qui pèsent sur le long terme	Si l'abondement de ton employeur est vraiment significatif, accompagné d'un PEA

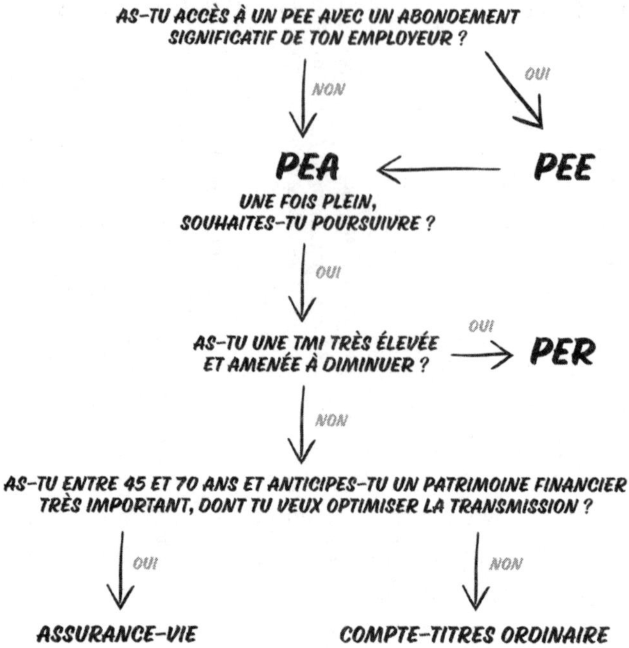

Quel support est le plus adapté pour ton investissement en Bourse ?

RÈGLE D'OR #17

TOUTES LES ENVELOPPES NE SE VALENT PAS POUR INVESTIR EN BOURSE : CHOISIS CELLE QUI CORRESPOND À TA SITUATION.

10. QUEL COURTIER CHOISIR ?

Quand tu te renseigneras sur les courtiers ou assureurs pour ouvrir tes comptes, tu feras face à des dizaines de propositions qu'il est à première vue difficile de départager. Commence par faire l'impasse sur les offres des banques traditionnelles qui ont tendance à multiplier les coûts abusifs, facturés à un public de masse non averti : frais d'entrée, de tenue de compte, d'arbitrage et d'inactivité. Pour comble, leurs plateformes manquent le plus souvent d'ergonomie. Privilégie plutôt un courtier ou une banque en ligne reconnus : tu y trouveras plus facilement des comptes sans frais superflus et des interfaces plus claires. Avec ces acteurs, il n'y a pas de crainte à avoir sur le sérieux des services : ce sont généralement des filiales ou de proches collaborateurs des grands groupes que tout le monde connaît. Ils s'adressent simplement à un public plus éclairé !

Le plus important, ce sont les frais de gestion dus : comme nous l'avons vu, ils peuvent grignoter une large part de tes gains, plusieurs dizaines de pour cent si tu les laisses à l'œuvre longtemps ! Un mauvais contrat d'assurance-vie (les plus courants) te demandera 1 % de frais de gestion + 1,5 % de frais de gestion des fonds d'investissement + 1 % de gestion pilotée = 3,5 % de ton capital chaque année ! Les bons contrats ne te demanderont que 0,5 % de frais de gestion, et la fraction de frais du fonds indiciel que tu as choisi : ce n'est pas pour rien que leur popularité explose. Ne te focalise pas autant sur les frais de transaction, liés au passage des ordres en Bourse : ils sont bien plus visibles et concrets, mais leur effet sur ton patrimoine est minime !

Pour tes contrats d'assurance-vie et de PEA, je te recommande de « prendre date » le plus tôt possible, même si tu n'as pas encore grand-chose à investir : le décompte des 8 et 5 ans respectifs aura commencé pour accéder aux avantages fiscaux ! Pour l'assurance-vie spécifiquement, n'hésite pas à ouvrir plusieurs bons contrats, car cela te permettra à maturité d'utiliser le plus compétitif ou de spécialiser chaque contrat. Tu auras sûrement un contrat avec un fonds euros plus rémunérateur, un autre avec un choix de fonds indiciels plus intéressant, etc. Tu peux attribuer un profil de risque ou un bénéficiaire spécifique à chaque contrat ! Au-delà de la spécialisation, la diversification de tes assureurs est pertinente pour limiter le risque en cas de défaillance. La garantie Fonds de garantie des assurances de personnes couvre 70 000 euros par assuré et par compagnie ; si tu stockes 100 000 euros sur un seul contrat, seuls 70 000 euros sont protégés. Répartis donc ton patrimoine sur plusieurs assureurs pour être intégralement couvert !

11. ÇA VA VRAIMENT MARCHER POUR MOI ?

Les vertus du calme et de la patience

Il y a une vraie demande de prévisions et d'actualités financières : les investisseurs détestent l'incertitude et cherchent constamment des indices pour anticiper l'avenir. Cette incertitude nourrit les presses généraliste et financière qui couvrent abondamment le sujet. Les prédictions à court terme, les projections pour l'année à venir sont très souvent à côté de la plaque : personne n'a vu venir la COVID, le retour de la guerre en Ukraine, etc. Mais le sensationnalisme fait parler, génère du clic et des revenus ! Coupe-toi de ce sketch.

L'imprévisibilité est une caractéristique des marchés financiers, pas un problème à résoudre. Admettre que nous ne savons pas de quoi l'avenir sera fait, et encore moins quelles seront les répercussions sur les marchés est la posture la plus juste. Alors, comment investir sereinement dans cet environnement incertain ?

La première réponse réside encore dans la diversification : elle offre à la fois une surperformance et une réduction du risque, grâce à sa résilience en cas de changement de paradigme (ralentissement de l'économie américaine, crise sanitaire, tensions géopolitiques...). Prends quelques minutes pour revoir ton portefeuille boursier : est-il bien diversifié parmi les secteurs d'activité, parmi les zones géographiques ?

La deuxième réside dans ton horizon de placement. Pour investir avec confiance, il faut regarder plus loin et croire en la résilience de l'économie mondiale pour les prochaines décennies. Les marchés mondiaux ont survécu à toutes les crises des derniers siècles, y compris à deux guerres mondiales. La volatilité liée aux événements d'actualité et aux prévisions de court terme fait partie d'un jeu auquel on ne joue pas lorsqu'on a un horizon de placement de 20, 30 ou 40 ans. Ainsi, il est inutile de regarder ton portefeuille tous les jours ! Les cours continueront de fluctuer, que tu sois au courant ou non, alors autant se couper de ce stress parfaitement inutile. Achète des actifs que tu serais à l'aise de détenir si la Bourse fermait pour dix ans ! L'inactivité, à la limite de la négligence, est la pierre angulaire de notre approche.

Enfin, anticipe le fait que tu vas inévitablement affronter des crises boursières. Vivre dans la peur te ferait rater toutes les phases haussières qui construisent la performance. Là où un investisseur verra une opportunité d'achat dans les baisses des grands indices, un autre remettra en question tout son plan. Ce dernier ne devrait même pas investir sur les marchés ! Mais il est bien difficile de prévoir ses réactions en temps de crise quand tout est au vert. Raison de plus pour définir *a priori* sa check-list méthodique ! Je déconseille donc l'investissement en Bourse à ceux qui savent d'emblée qu'ils ne supporteront pas de voir les plus-values de plusieurs années d'investissement balayées même temporairement par un krach. D'ailleurs, les détracteurs de la Bourse sont souvent des gens qui ont perdu gros en vendant lors d'un marché baissier et qui n'y ont jamais remis les pieds. En définitive, les prédictions ne servent à rien. La performance se fait en restant investi avec méthode et dans le calme. Conserver des positions diversifiées et les renforcer au cours du temps est la clé de la réussite, mais c'est aussi la plus grande difficulté. Il y a très peu de domaines où en faire le moins possible est la solution la plus productive, alors profitons-en !

Mais la peur n'est pas la seule ennemie de l'investisseur ; l'avidité et l'impatience sont tout aussi destructrices. Ce sont des torts qui touchent principalement les novices, souvent en excès de confiance (effet Dunning-Kruger) en arrivant dans un marché haussier. Ne fais pas l'erreur d'utiliser des actifs financiers trop risqués et que tu ne comprends pas (trading, produits dérivés avec effet de levier, fonds d'investissement de niche sur la dernière tendance...) : tu perdras ton temps en pensant prendre des raccourcis. Tu seras forcément tenté à un moment ou un autre d'anticiper les mouvements de marché : rappelle-toi que c'est statistiquement une stratégie perdante[14]. Dans un mouvement de hausse global, tout le monde pense avoir du talent et la bonne approche. Le temps donnera néanmoins raison à ceux qui appliquent les bonnes pratiques éprouvées que l'on a évoquées dans

RÈGLE D'OR #18

RENFORCE TON INVESTISSEMENT BOURSIER RÉGULIÈREMENT, RESTE INVESTI ET IGNORE LE BRUIT MÉDIATIQUE.

ce chapitre. N'oublie pas : les bons placements se font dans la lenteur, bâtir un patrimoine prend du temps.

Le rôle de la chance

On a vu que ton âge de début de parcours sur les marchés est un facteur majeur de performance, en augmentant ton horizon de placement. Il y en a un autre que tu peux moins facilement contrôler : le contexte de la décennie dans laquelle tu commences à investir. Les années 1970 et 2000 ont par exemple été particulièrement difficiles, avec un rendement sur 10 ans négatif, ce qui est éprouvant pour un néo-investisseur. À l'inverse, la décennie 2010 a été absolument hors norme avec un rendement total de plus de 14 % par an ! Il est ainsi possible d'entrer dans les marchés pendant une mauvaise période et de largement sous-performer un investisseur bien moins averti que toi, qui commence son parcours à un moment plus favorable. À long terme, en revanche, tout s'équilibre.

Si tes débuts t'ont laissé un goût amer, permets-moi de te proposer un autre angle de vue : préfères-tu bénéficier d'un brillant rendement sur tes premiers titres en Bourse ? Ou plutôt quand tu auras un joli capital après une vie passée à alimenter ton portefeuille ? Tu vois où je veux en venir : voir son portefeuille dans le vert quand on débute est plaisant, mais ce n'est fondamentalement pas important. Il est bien plus problématique de subir un marché baissier juste avant le retrait de ton capital. C'est pourquoi plus ton horizon de placement se rétrécit, plus il est judicieux de réduire ton risque en diversifiant vers d'autres classes d'actifs. Tes premières années servent avant tout à construire ta méthode, à tester tes stratégies et à développer tes capacités d'investissement ; les rendements y sont secondaires. Au contraire, autant bénéficier d'un marché morose pour acheter à bas prix, la remontée éventuelle n'en sera que plus belle.

Et si tu te concentrais sur le bon levier ?

Avant de te lancer tête baissée dans l'investissement, il est essentiel de comprendre que la croissance de ton patrimoine repose sur deux variables clés : le capital que tu investis, et le rendement que tu en obtiens.

Variation annuelle du patrimoine =
capital investi × rendement

Pour faire croître ton patrimoine, tu peux soit investir plus soit chercher un meilleur rendement. Mais tous les efforts ne se valent pas selon ta situation.

Prenons pour exemple Adrien, 20 ans, étudiant passionné par la finance. Il a économisé 5 000 euros grâce à quelques petits boulots. Enthousiaste, il décide d'investir cette somme dans un portefeuille d'actions. Un an plus tard, il affiche un rendement de 7 %, soit un gain de 350 euros. Adrien ne s'est pas contenté d'acheter un fonds indiciel diversifié. Il a passé ses samedis à comparer des entreprises, les performances d'actions individuelles, et même à étudier les taux de change. Il a appris plein de choses. Mais, au final, tout ce temps a été mobilisé pour peut-être grappiller 1 %

à 2 % de rendement supplémentaire. Et si, à la place, Adrien avait fait un job étudiant le samedi pendant l'année universitaire ? Il aurait encaissé 3 000 euros, qu'il aurait pu investir en plus de ses 5 000 euros, générant un gain bien plus significatif qu'un simple surcroît de rendement.

À l'opposé, prenons Sylvie et Hervé. Leur patrimoine (hors résidence principale) s'élève à 2 millions d'euros. Pour eux, un simple gain de 2 % de rendement représente 40 000 euros par an. À ce niveau-là, optimiser l'allocation de leur portefeuille produira des résultats bien supérieurs à quelques mois de travail en plus !

Pour décider où concentrer ton énergie, compare deux éléments : ta capacité d'épargne annuelle (après toutes tes dépenses) et les gains que te rapportent tes placements. Si tu épargnes beaucoup plus que ce que tes placements te rapportent, focalise-toi sur l'augmentation de ton capital investi. Si, en revanche, ton capital est déjà important et que les gains qu'il produit dépassent largement ton épargne annuelle, alors optimise le rendement. Et si les deux sont proches, répartis ton énergie entre les deux leviers.

RÈGLE D'OR #19

QUAND TON PATRIMOINE EST FAIBLE, ÉPARGNE DAVANTAGE. S'IL EST IMPORTANT, PEAUFINE TES INVESTISSEMENTS.

Quand tu débutes dans la vie active ou que tu es encore étudiant, même avec un bon budget, tu auras du mal à dégager plus que quelques centaines d'euros par mois. Le vrai levier, c'est l'augmentation de tes revenus. Que ce soit par ta formation ou une montée en compétence, c'est là que tu peux vraiment faire une grande différence. Rappelle-toi le piège de l'inflation du niveau de vie : ton patrimoine a besoin de ta capacité à conserver une part de tes revenus pour investir !

L'investissement boursier à l'heure du défi climatique

Depuis deux siècles, la croissance économique mondiale a été permise par des énergies fossiles peu chères, et les performances boursières historiques que l'on connaît se sont construites sur ce socle bon marché. Encore aujourd'hui, toute l'économie mondiale demeure profondément imbriquée dans des processus opérant à partir d'énergies fossiles. Le changement climatique dû à ces énergies et la transition énergétique ont la capacité de remodeler durablement le fonctionnement des entreprises, de l'économie tout entière et, par ricochet, des marchés financiers.

Malgré les premiers efforts, les niveaux de CO_2 continuent d'augmenter, les températures battent des records, et les projections scientifiques de réchauffement climatique global sont de plus en plus alarmantes. Il existe une corrélation accrue entre la hausse de la température globale et la multiplication d'événements extrêmes : inondations, pénuries d'eau, incendies, pandémies, vagues migratoires ou même conflits sociopolitiques qui ne devraient qu'aller vers l'intensification. Cette situation devrait engendrer des coûts sociétaux considérables : provisions pour sinistres massifs, assurances de plus en plus onéreuses, et amplification des dépenses publiques liées à la reconstruction et à la gestion des crises. Les chercheurs estiment qu'un réchauffement du monde d'un degré supplémentaire dégraderait le PIB mondial de 12 %[15]. Pour les marchés financiers, cette donnée représente un risque concret, mais aussi une source d'incertitude écrasante. Les valorisations boursières, bâties sur les prévisions d'évolution des bénéfices, seront désormais encore moins prévisibles. Par conséquent, la volatilité devrait augmenter et nous devrions voir des conséquences directes sur la cotation des entreprises exposées aux aléas climatiques.

Face à ces risques, plusieurs scénarios coexistent. Certains évoquent une décroissance économique marquée, liée à la raréfaction des ressources fossiles et aux coûts de l'adaptation. D'autres prônent une croissance « sobre », où l'innovation et l'efficacité énergétique permettraient de maintenir une trajectoire de PIB positive sans augmenter la consommation d'énergie primaire. Le fait que les émissions de CO_2 par dollar de PIB diminuent depuis les années 1990 au niveau mondial appuie cette hypothèse[16]. Il n'est donc pas sûr que le changement s'accompagne nécessairement d'une décroissance à grande échelle avec une baisse des rendements boursiers, voire un effondrement du capitalisme. D'ailleurs, il est réducteur de penser que la croissance économique et les rendements boursiers sont bien corrélés : les performances ne dépendent pas tant de la croissance réelle du PIB, mais plutôt de l'écart entre les attentes et la réalité. Si les résultats des entreprises dépassent des prévisions prudentes, même en contexte de ralentissement macroéconomique, leurs valorisations peuvent encore progresser. À l'inverse, des anticipations trop optimistes face à une croissance tiède peuvent déclencher de franches chutes des prix. Bref, gare aux hypothèses simplistes ! Un tas de variables (technologies de rupture, politiques fiscales, dynamiques démographiques) peuvent également infléchir le cours des choses. Dans tous les cas, la vraie force de transition devra venir des décideurs politiques. Seule une régulation claire et exigeante peut contraindre le système capitaliste à vraiment assimiler le climat comme contrainte première, sans attendre que le marché ne corrige seul (et trop tard) ses excès. Celui-ci intègre déjà les nouvelles règles du jeu (financiarisation des quotas carbone), mais sera, à terme, obligé de s'y atteler plus sérieusement, car la décarbonation en elle-même lui serait bénéfique en réduisant les coûts liés à des désastres climatiques supplémentaires[15].

Dans ce contexte, certains secteurs continueront de croître quoi qu'il arrive, car leurs activités répondent aux nouveaux besoins d'adaptation et de décarbonation. Les entreprises « vertes » bénéficient déjà d'une popularité croissante : leurs valorisations sont plus élevées, leur accès au financement facilité, propulsant leur potentiel d'innovation qui peut même leur permettre de réduire leurs coûts tout en augmentant leurs marges. Si le climat s'aggrave au-delà des prévisions, ces titres pourraient générer de belles plus-values, à condition que leurs bénéfices réels suivent les attentes du marché. À l'inverse, les sociétés plus polluantes sont de plus en plus pénalisées : elles subissent des pressions réglementaires, ont un coût d'accès au financement supérieur et sont plus exposées aux risques climatiques. Sans financement suffisant pour évoluer vers des modèles moins carbonés, elles resteront sur des stratégies défensives et néfastes. Elles ont donc tout intérêt à effectuer les changements nécessaires, car elles bénéficieront de financements à meilleur coût.

À moyen terme, se détourner totalement des énergies fossiles pourrait provoquer une flambée des prix de l'énergie, rendant la transition plus coûteuse et retardant l'émergence des alternatives durables. Le principe de transition consiste à investir simultanément dans les deux modèles, le temps que le nouveau s'impose. Les fonds indiciels diversifiés restent le choix le plus rationnel, même dans un scénario de décroissance : ils offrent une diversification large, limitent l'exposition à des secteurs fragilisés et intègrent progressivement davantage de sociétés vertes tout en excluant les polluantes. Acheter ces indices n'est pas un soutien à l'ancien monde : c'est un pari sur le maintien du capitalisme, et sur sa capacité à accompagner et à financer la mutation. Quant à l'investissement ESG (sélection des titres avec des critères environnementaux, sociaux et de gouvernance), il présente des limites nettes : contrairement à ce qu'on peut imaginer, l'argent placé dans ces fonds ne finance pas les entreprises ; la seule personne que tu enrichis, c'est celui qui t'a revendu ses parts ! Les sociétés sous-jacentes ne reçoivent rien de cette transaction et leurs valorisations surcotées tendent à offrir aux actionnaires des rendements moindres. À l'échelle individuelle, un investisseur aura plus d'impact en possédant des parts de fonds indiciels, donnant ainsi plus de pouvoir de vote actionnarial aux sociétés de gestion. Ces sociétés (BlackRock, Amundi…) peuvent réellement accélérer la transition, en forçant les conseils d'administration des entreprises à adopter des stratégies plus vertes.

Faut-il investir ou rester en dehors des marchés par conviction ? C'est à toi de décider ! Je juge qu'être désinvesti n'est pas utile : le capital investi avec notre stratégie n'a pas d'effet concret sur la politique des entreprises et la trajectoire climatique. Boycotter les produits polluants a bien plus de résultats. En revanche, être désinvesti t'expose à un risque réel de perte de pouvoir d'achat. Personne ne peut dire si la vraie transition énergétique est proche ni anticiper son effet concret sur les marchés. Dans l'intervalle, continuer à miser sur un fonds indiciel diversifié te permet de potentiellement profiter des rendements historiques, et cette philosophie d'investissement « passive » sera selon toute vraisemblance toujours le bon choix dans le monde d'après. Investir te donne par contre la possibilité de financer ta propre transition écologique, qui, elle, aura un impact concret sur le climat ! Finalement, la véritable interrogation n'est pas tant celle de ton portefeuille que celle du modèle économique lui-même : notre civilisation devrait-elle conserver le système productiviste à l'origine du défi climatique ? Je ne pense pas que nous verrons un changement de modèle de notre vivant, les économies de marché s'adapteront aux nouvelles règles du jeu. Mon choix reste donc d'investir, en misant sur la capacité d'adaptation du capitalisme.

PLAN D'ACTION

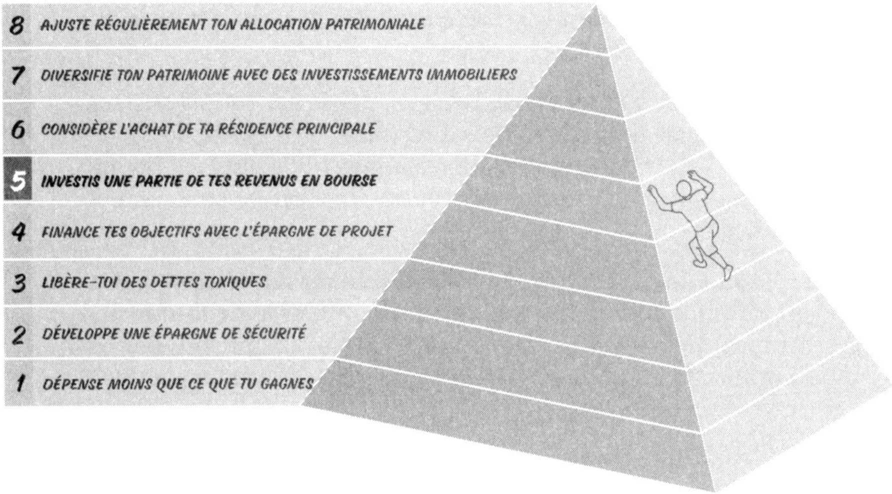

1. Choisis un type d'enveloppe adapté à ton profil – le PEA est le premier choix dans la plupart des cas.

2. Ouvre-le chez un acteur en ligne sérieux et compétitif, surtout sur les frais de gestion, en faisant le versement d'entrée minimal pour prendre date sur le contrat. Évite la gestion pilotée, après la lecture de ce chapitre, tu as largement de quoi gérer toi-même !

3. Choisis sur quel indice diversifié investir : à moins d'avoir des convictions précises, l'indice MSCI World est une valeur sûre.

4. Choisis le meilleur fonds indiciel qui réplique cet indice et qui est disponible sur ton compte. Tu veux un fonds capitalisant les dividendes, et avec un bon encours sous gestion.

5. Investis ton capital rapidement et en intégralité (même si ce n'est pas optimal, tu peux aussi l'investir progressivement pour ton confort psychologique).

6. Continue d'acheter régulièrement des parts de fonds indiciels, sans te poser de questions.

7. Reste investi et ignore le bruit médiatique. Tu investis sur un horizon de temps bien plus long ! En cas de baisse des marchés, ne vends pas tes positions de fonds indiciels. Profites-en pour renforcer ta position en continuant ton investissement régulier !

8. Si ton PEA est rempli, tu peux continuer l'investissement, sur PER uniquement si tu anticipes une baisse de ta tranche d'imposition élevée, sur assurance-vie si tu privilégies l'optimisation d'une succession importante, ou sur un compte-titres ordinaire.

Étape 6

CONSIDÈRE L'ACHAT DE TA RÉSIDENCE PRINCIPALE

À ce stade de la pyramide financière, il faut s'attaquer au sujet de ton logement. Dans l'absolu, devrais-tu devenir propriétaire ? Si oui, est-ce le bon moment pour acheter ?

1. ACHETEUR VS LOCATAIRE : QUI EST LE PLUS MALIN ?

L'achat ou la location de la résidence principale est un éternel débat, qui dépasse la sphère des choix financiers. Il prend en compte ta vie privée et professionnelle, ton projet de vie et tes priorités. En France, près de 60 % des ménages sont propriétaires, cela alimente autant de mythes que de convictions fortes. Il peut être difficile de s'y retrouver entre les arguments des uns et des autres. Pour certains, le loyer est de l'argent jeté par les fenêtres. Pour d'autres, les banques nous poussent à l'achat avec pour objectif de nous lier à la dette. Laissons de côté les raisonnements de comptoir, et commençons par ce qui est objectif : se loger, c'est avant tout des coûts.

Pour toi, futur acheteur, les frais initiaux pèsent lourd. D'abord avec l'apport personnel, cette somme que tu as patiemment économisée en épargne de projet et qui équivaut en général à 10 % du prix du bien. À cet apport s'ajoutent les fameux frais de notaire, environ 8 % du prix du bien, qui sont principalement une taxe de mutation de la propriété ainsi que les honoraires du notaire. N'oublions pas la commission de l'agence immobilière (parfois payée par le vendeur) généralement comprise entre 3 % et 5 % du prix de vente. Enfin, même dans un logement déclaré « sans travaux », tu auras envie d'y mettre ta touche : peinture, petits travaux ou décoration. Ces travaux d'entrée de jeu représentent facilement quelques milliers d'euros supplémentaires. Mis bout à bout, ces coûts de transaction initiaux irrécupérables représentent plusieurs années de loyer, qui signent une garantie de perte sèche si tu achètes et vends régulièrement ta résidence principale. L'achat de son logement est donc destiné aux personnes qui sont en mesure d'amortir ces coûts en restant très longtemps dans le bien.

Les coûts initiaux pour un locataire existent mais sont plus anecdotiques en comparaison : il s'agit en général uniquement des frais d'agence et d'un chèque de caution.

Sur la durée, l'achat d'une résidence principale accumule également des frais récurrents. En premier lieu, les intérêts du prêt. Tu te souviens du fonctionnement des intérêts bancaires ? Chaque mois, le taux d'intérêt mensualisé est appliqué sur le capital restant à rembourser. Ainsi, au début du prêt, tu payes beaucoup d'intérêts, car il te reste l'intégralité du capital à rembourser. Par exemple, pour un crédit de 350 000 euros sur 25 ans à 3,5 %, 60 % du montant des premières mensualités ne servent qu'à rémunérer la banque et ne reviendront jamais dans ta poche en cas de revente rapide ! Ce mécanisme est toutefois masqué par l'égalisation du montant de la mensualité sur toute la durée du remboursement. Dans notre exemple, les intérêts s'élèvent au total à 175 000 euros, soit environ la moitié du montant emprunté. Et le coût des prêts immobiliers n'est pas près de diminuer : dans le contexte récent de l'appréciation exceptionnelle du prix de l'immobilier, la durée des crédits nécessaire pour accéder aux mêmes logements a explosé. Il faut s'endetter pendant 10 années de plus pour acheter le même bien en 2025 par rapport à l'an 2000[17]. En conséquence, devenir propriétaire coûte bien plus cher en intérêts que par le passé.

Aux intérêts s'ajoutent les frais d'assurance emprunteur, la taxe foncière, les éventuelles charges de copropriété, mais surtout les coûts d'entretien. Compte au moins sur 1 % de la valeur du bien chaque année ! Les imprévus sont légion : chaudière qui lâche, infiltration cachée ou ravalement exigé par la copropriété. Il est important de noter que les frais d'entretien du propriétaire sont variables d'une année sur l'autre : la maison peut ne nécessiter que de petits travaux cosmétiques pendant des années, puis un jour nécessiter un changement de toute la toiture ! Un vrai budget doit être prévu dans ce sens, ça ne s'improvise pas. L'achat d'une résidence principale est par conséquent un passif, à l'origine de fuites financières significatives.

Un locataire, quant à lui, n'est pas indemne de coûts d'entretien non plus ! Ceux-ci lui sont répercutés indirectement – mais de façon prévisible – par son loyer. En pratique, le loyer et les charges sont connus à l'avance, indexés sur l'indice de revalorisation des loyers et révisables selon une formule transparente.

Sur le court terme, il est donc plus risqué de posséder sa résidence principale que de la louer, car le risque de perte sèche en capital est bien là. Ce risque diminue en restant dans le même logement sur la durée : pour l'acheteur, les coûts initiaux s'amortissent petit à petit, le prêt finit par être remboursé ; mais un locataire est certain de devoir verser des loyers jusqu'à la fin de ses jours.

Par ailleurs, les prix du logement dans le futur étant inconnus, ne pas devenir propriétaire est risqué. Un locataire va bloquer et connaître son coût de logement pour les mois à venir, mais sans avoir aucune idée de ce budget dans 10 ans. Le propriétaire, lui, sait déjà ce qu'il va payer dans le futur lointain. C'est l'effet anti-inflation de l'emprunt ! Grâce à l'égalisation des mensualités, le propriétaire payera le même prix pour se loger, quelle que soit l'inflation environnante. Finalement, avec le temps, sa dépense de logement diminue, car les mensualités sont de moins en moins importantes en valeur relative dans son budget. Face à l'inflation, tu souffriras moins si tu es propriétaire qu'en étant locataire ! Cerise sur le gâteau, à la fin du remboursement du crédit, tu n'auras plus à payer grand-chose pour ton logement, à un moment de ta vie où tes revenus seront peut-être plus faibles, notamment à la retraite. Acheter est donc aussi un choix qui te sécurise à long terme !

En restant locataire, il est fréquent d'endurer une instabilité de logement à cause d'un bail non renouvelé ou d'une augmentation drastique du loyer. Il plane chez beaucoup de locataires un sentiment de précarité qui n'est pas tout à fait infondé, en n'étant jamais tout à fait « chez soi ». On peut retrouver cette impression en postulant pour des offres de location, particulièrement dans les grandes métropoles où la concurrence est très rude et amenée à se renforcer. Dans ce contexte, le locataire doit généralement se contenter de logements répondant à ses critères principaux, sans avoir d'attrait particulier pour le bien. Parfois, se tourner vers l'achat permet d'accéder à des biens beaucoup plus attrayants. Les appartements en ville avec une terrasse, ou les maisons dans le Sud avec piscine sont très rares à la location ! Par ailleurs, être pleinement propriétaire permet d'investir vraiment ton lieu de vie : pas besoin de demander l'autorisation de qui que ce soit pour faire tomber une cloison, planter un arbre et laisser ton empreinte.

Mais quand tu es propriétaire et que des équipements cassent, comme le ballon d'eau chaude qui décide de te lâcher un dimanche, c'est à toi de les réparer ou de payer le bon professionnel ! Un locataire a beaucoup moins de contraintes, car la responsabilité des grosses réparations revient au bailleur. Le gain de tranquillité d'esprit dans ce sens peut être notable, au détriment de la liberté de pouvoir réparer les choses comme et quand on veut. Il y a aussi un vrai gain de flexibilité en restant locataire : en cas de nuisance ou de changement de projet, tu as la possibilité de poser ton préavis et de déménager relativement facilement quelques semaines après.

Bref, il y a tout un tas de considérations à avoir selon tes priorités concernant ton logement. Avant d'aller plus loin et d'aborder les critères pour valider concrètement le projet d'achat, il faut qu'on éclaircisse un point : ta résidence principale est-elle un véritable investissement ou reste-t-elle simplement un poste de dépense comparable à un loyer ?

2. QUAND TON TOIT DEVIENT UN ACTIF

Pour beaucoup, devenir propriétaire, c'est avant tout éviter de verser un loyer à vie. Dans un certain sens, cela s'apparente à une manœuvre fiscale bien plus efficace que de vivre dans une location en percevant un loyer d'un investissement, qui lui sera inévitablement taxé ! Mieux encore, lors de la revente de ton toit, la plus-value sur la résidence principale est totalement exonérée, te permettant de toucher l'intégralité du gain après avoir remboursé le reste du crédit à la banque. Mais est-ce que la plus-value est garantie à long terme ?

Sur les 25 dernières années, l'INSEE estime que les prix des logements anciens ont progressé en moyenne de 4 % par an, soit de façon supérieure à l'inflation sur la même période[18]. Ce chiffre flatteur masque toutefois deux réalités. D'abord, gardons en tête que leurs statistiques sur les logements ne remontent pas dans les années 1980 et 1990, qui ont connu des cycles baissiers, et que la période récente a été particulièrement remarquable. Alors que les prix immobiliers bondissent bien au-delà des revenus moyens et dans un contexte de durcissement des crédits, une phase de stagnation – voire de baisse généralisée – reste tout à fait plausible[19]. Bien sûr, tu peux tout à fait bénéficier de dynamiques locales bien différentes de ces modèles nationaux. Je te déconseille tout de même de compter sur une hausse automatique en valeur réelle de ton bien, tu pourrais en être profondément déçu. À très long terme, une hausse moyenne proche de l'inflation reste le scénario le plus réaliste, et toute plus-value brute sera nécessairement amoindrie par les frais engagés (notaire, travaux, entretien...). En résumé, considère toute plus-value nette comme un bonus, jamais comme une certitude. Mais le locataire, lui, a la certitude de ne jamais connaître de plus-value !

Au-delà de la valorisation, pose-toi aussi la question suivante : qu'aurais-tu obtenu en investissant ailleurs ? C'est ce qu'on appelle le coût d'opportunité. N'allons pas chercher très loin : rester locataire permet de placer l'apport et l'épargne supplémentaire mensuelle dans un bon portefeuille boursier. Dans ce cas, la croissance de ton patrimoine est généralement bien supérieure pendant un temps. Mais il est plus facile de payer un crédit immobilier durant 25 ans que de conserver un portefeuille boursier pendant la même période ! On ne connaît pas la valeur de son logement au jour le jour, et la volatilité est bien moindre : il y a un biais de stabilité, appuyé par la volatilité réduite de la pierre. Cette impression de sécurité, couplée à la pression sociale et à la peur de manquer l'opportunité de l'appréciation immobilière (*Fear Of Missing Out*), pousse de nombreux ménages à considérer leur toit comme le pilier de leur patrimoine. Dans les faits, la résidence principale reste le premier véhicule d'investissement des Français, puisqu'elle représente les deux tiers du patrimoine brut des ménages propriétaires[20] ! Néanmoins, après avoir lu ce guide, il est peu probable que ta résidence principale soit ce qui fera décoller ton patrimoine. Elle n'est tout simplement pas l'actif le plus performant ; elle joue surtout un rôle crucial de diversification et de protection contre l'inflation, mais non de croissance explosive. Et, surtout, même si ton bien prend de la valeur, tu ne peux pas en profiter à moins de le revendre, et il faudra bien te reloger ensuite !

L'achat de résidence principale n'a pas vocation à être rentable, ce n'est pas un investissement financier au sens traditionnel du terme : c'est avant tout un bien de consommation avec des flux financiers sortants et un coût d'opportunité significatif ; mais elle peut être un bon choix patrimonial à très long terme en réduisant les dépenses de logement. N'oublions pas que beaucoup d'affect entre en jeu : on n'achète pas un logement, mais SON logement. Le fameux coup de cœur, qui conduit un grand nombre de primo-accédants à s'endetter au maximum de leur capacité. Dans ce cas, attention, sans augmentation ultérieure des revenus, un deuxième emprunt pour un autre investissement ne sera pas envisageable ! L'achat de la résidence principale n'est donc pas toujours la voie la plus rémunératrice, mais il y a tout un tas d'autres raisons qui rendent ce projet pertinent. La plupart des acquéreurs perçoivent leur maison non seulement comme un foyer où bâtir leur quotidien, mais aussi comme un espace pour recevoir proches et amis et y tisser des souvenirs partagés. En ce sens, la résidence principale est un véritable investissement social dont la valeur peut être inestimable. En somme, ton toit peut devenir un actif à part entière : un mélange de protection, de stabilité et d'identité. Ne conclus pas qu'acheter ton logement est toujours la meilleure option ! C'est souvent mieux *à terme*. Tu n'as pas besoin d'être propriétaire à 30 ans ! Dans la plupart des situations, l'achat de la résidence principale est l'option qui s'impose, mais au bon moment.

RÈGLE D'OR #20

MÊME SI TU PEUX ACHETER TON LOGEMENT AUJOURD'HUI, CE N'EST PAS FORCÉMENT LE BON CHOIX. À TERME, DEVENIR PROPRIÉTAIRE RESTE SOUVENT PRÉFÉRABLE.

Passons maintenant à l'analyse des critères concrets pour voir si, dans ta situation, l'achat de ta résidence principale est véritablement la meilleure option !

3. QUEL EST LE BON MOMENT POUR ACHETER ?

Pour que l'achat de ton logement soit pertinent, il est nécessaire que tu remplisses ces trois conditions :

- Tu es ancré dans une localité et tu t'y projettes sur le long terme.
- Tu as un projet de vie mûr, avec une vie professionnelle et familiale stable.
- Tes revenus sont suffisants et constants pour encaisser cette charge financière supplémentaire.

Si tu ne te reconnais pas dans l'ensemble de ces critères, ce n'est probablement pas le bon moment d'acheter, notamment si tu es bien dans ton logement en location et que tu investis ailleurs. Pose-toi également la question de pourquoi tu veux être propriétaire : acheter pour le prestige social peut s'avérer risqué ! Ce biais risque de te faire manquer les signaux négatifs pertinents. Par exemple, une instabilité dans ta vie personnelle et familiale te met à risque de devoir acheter un autre logement plus grand si tu changes ta structure familiale, ou de devoir revendre rapidement le bien en cas de séparation. Autre situation fréquente, si tes projets de carrière t'exposent à des revenus futurs trop volatils (missions courtes, création d'entreprise, travail indépendant), la mensualité d'un crédit peut devenir une source de stress et, dans le pire des cas, un motif de défaut de paiement. En définitive, l'instabilité t'expose à plus de transactions et donc de coûts de transaction perdus !

Dans la même logique, acheter une résidence principale temporaire et la revendre pour mieux quelques années après n'est généralement pas optimal : il est exceptionnel de compenser les coûts initiaux sur une si courte période ! Tu ferais mieux de rester locataire un peu plus longtemps, et d'économiser pour te permettre d'emblée le logement plus adapté à tes envies et tes besoins futurs.

RÈGLE D'OR #21

L'ACHAT DE TON LOGEMENT N'A PAS DE SENS TANT QUE TU N'AS PAS UNE STABILITÉ GÉOGRAPHIQUE, PERSONNELLE ET PROFESSIONNELLE.

Il existe une autre possibilité, celle de rester locataire tout en investissant ta capacité d'emprunt dans un autre bien mis en location. Mais cette stratégie est loin d'être anodine. Pour être intéressante, elle exige que tes revenus locatifs après charges et après impôts soient significativement plus élevés que ton propre loyer. Il te faudra, en plus, assumer les contraintes inhérentes à l'investissement locatif. Ce n'est pas forcément évident et c'est à mettre en face de la charge mentale de la gestion locative et de la précarité que représente le fait de rester soi-même locataire. Cela peut être une piste si on ne remplit pas les conditions non financières comme la stabilité géographique dont on a parlé juste avant, mais je ne crois pas que ce soit une option faite pour tout le monde ! De même, acheter un bien pour y vivre quelques années avant de le proposer à la location n'est pas l'option la plus simple ni la plus rentable : les critères de choix diffèrent selon qu'on habite ou qu'on loue, et gérer un bien à distance une fois parti peut être une vraie contrainte.

4. L'HORIZON DE RENTABILITÉ : QUAND L'ACHAT BAT LA LOCATION

Si tu coches les cases évoquées avant, bravo : l'achat a du sens par rapport à ta situation. Mais ça ne veut pas forcément dire que tu devrais acheter pour autant. Il reste une étape clé dans le processus d'évaluation du projet : la simulation de l'horizon de rentabilité de l'achat, c'est-à-dire la durée nécessaire pour que l'achat soit plus intéressant que la location dans ton cas. Cette donnée est indispensable pour éclairer ton choix ! Tu trouveras plusieurs simulateurs en ligne très bien faits qui s'appuient sur les données purement financières, objectives, pour révéler l'ampleur du coût de ton projet d'achat et la durée minimale pour le rentabiliser.

On a précédemment vu que les trajectoires de ton patrimoine seront très différentes selon ton choix : en cas d'achat, le remboursement du crédit te permettra de créer progressivement un patrimoine et tu économiseras un loyer une fois ton crédit soldé. En louant, tu peux investir l'apport et l'épargne mensuelle supplémentaire dans un placement performant. C'est sur ces projections que s'appuient les simulateurs, en déterminant quand le patrimoine du propriétaire finit par dépasser celui de son équivalent locataire. Les paramètres à renseigner vont indirectement indiquer tous les frais initiaux et récurrents que l'on a évoqués en début de chapitre :

- Pour le projet achat, les facteurs majeurs sont notamment le prix d'acquisition, le taux d'intérêt et la durée du prêt, et le montant des charges de copropriété et des travaux récurrents.
- Pour le projet location d'un bien équivalent, les deux grandes variables sont le rendement attendu de ton épargne, et la différence entre une mensualité du crédit et le loyer. Cette différence va particulièrement faire bouger les choses si tu vises une grande métropole avec plafonnement des loyers ! Par exemple, à Paris, l'achat d'un logement est très onéreux par rapport au loyer d'un bien équivalent. À Saint-Étienne au contraire, il y a peu de différence entre les mensualités de crédit et les loyers, rendant le projet d'achat rentable beaucoup plus rapidement.

Il y a également tout un tas de facteurs qui entrent en compte, mais sur lesquels tu n'as aucune influence : l'évolution des taux d'intérêt des crédits, des prix de l'immobilier, des loyers, de l'inflation.

Lance ta simulation dès maintenant pour savoir si, chiffres à l'appui, l'achat vaut vraiment le coup dans ton cas sur le plan purement financier. Attention, le résultat n'est pas une conjecture exacte, mais seulement une indication !

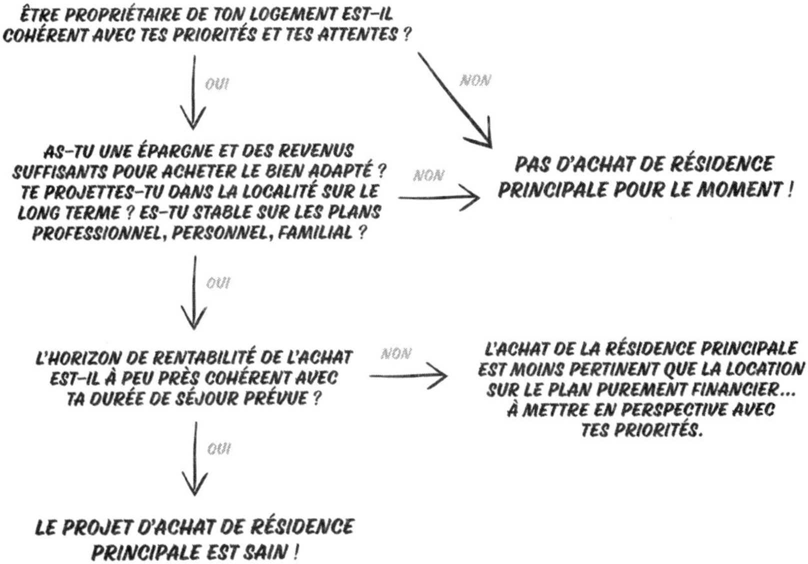

Récapitulons : est-ce pertinent d'acheter ta résidence principale ?

5. COMMENT BIEN FINANCER TON ACHAT IMMOBILIER ?

Si l'achat est la bonne option pour toi, va se poser la question du mode de financement. La plupart des gens financent leur achat à crédit, mais certains optent pour le paiement comptant ou avec un apport très important. Quelle est la bonne solution dans tout ça ? En réalité, tout dépend de tes priorités. Si tu valorises la tranquillité d'esprit en étant 100 % chez toi et libre de toute dette : paye comptant. Si tu veux développer ton patrimoine de la façon la plus efficiente, mets le moins d'apport possible et investis ton épargne ailleurs. Pourquoi ? Dans ce cas, tu bénéficies d'un mécanisme très intéressant de la bonne dette : l'effet de levier.

FOCUS → L'EFFET DE LEVIER DE LA DETTE

Il s'agit d'emprunter à un taux raisonnable pour acheter un actif dont la valeur, ou l'usage, progresse au fil du temps, plutôt que d'immobiliser l'intégralité de son capital qui sera plus utile ailleurs. Cette stratégie s'appuie sur la conviction qu'il est hautement improbable qu'un logement résidentiel perde l'intégralité de sa valeur en quelques années, contrairement aux biens de consommation financés à crédit qui se déprécient dès la sortie du magasin.

Imaginons, pour fixer les idées, qu'un acheteur dispose de 150 000 euros et peut choisir soit de les utiliser pour réduire son prêt immobilier soit de les placer ailleurs. S'il décide de réduire de 150 000 euros son prêt à 3 % sur 20 ans, le coût total des intérêts économisés s'élèvera à environ 50 000 euros. À première vue, il « gagne » donc ces 50 000 euros. Toutefois, si le même montant avait été investi, toujours à 3 % chaque année, le capital aurait atteint, au terme de 20 ans, près de 270 000 euros, générant ainsi plus de 120 000 euros d'intérêts. Concrètement, en plaçant ailleurs ce montant plutôt qu'en l'immobilisant dans son logement, notre acheteur perçoit un surplus net de près de 70 000 euros. L'effet de levier est donc créateur de valeur !

Cette différence est possible, car 3 % d'intérêts bancaires ne sont pas équivalents à 3 % de rendement d'investissement. La confusion est fréquente !

En somme, payer comptant ou avancer un apport excessif n'est pleinement justifié que si l'on n'envisage aucune alternative d'investissement ou si l'on recherche une tranquillité d'esprit absolue.

Maintenant, si tu peux choisir la durée de ton emprunt, vaut-il mieux rembourser rapidement pour réduire les intérêts ou étaler tes paiements pour conserver une marge de manœuvre financière grâce à des mensualités plus faibles ?

Dans l'absolu, un prêt long coûte plus cher. Mais il offre plus de souplesse : tu abaisses ton taux d'endettement, ce qui te permet éventuellement de faire un autre emprunt ou tout simplement d'épargner en parallèle en maximisant l'effet de levier de ton patrimoine. À l'inverse, un prêt court t'astreint à une charge fixe plus contraignante. Mais attention : plus les taux sont élevés, moins il est intéressant d'allonger la durée du prêt. Pour une mensualité donnée, un allongement de la durée d'emprunt augmente d'autant moins le montant empruntable que le taux d'intérêt est élevé.

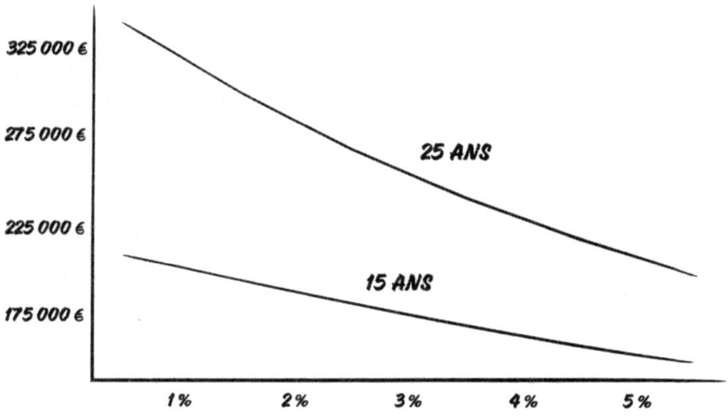

Pour une mensualité donnée de 1 200 euros, l'allongement de la durée (de 15 à 25 ans) permet d'emprunter davantage... mais de moins en moins à mesure que les taux montent !

En résumé : à taux bas, un prêt long maximise tes possibilités sans trop te pénaliser. À taux élevé, mieux vaut chercher un compromis au risque de payer cher pour pas grand-chose.

RÈGLE D'OR #22

UTILISE L'EFFET DE LEVIER IMMOBILIER : MINIMISE L'APPORT ET ALLONGE LA DURÉE SI LE TAUX EST RAISONNABLE, POUR INVESTIR AILLEURS.

6. TON TOIT, TON CHOIX !

On a fait le tour de ce grand sujet qu'est la résidence principale. Si ton projet de vie est compatible avec un achat, prends le temps de bien peser le pour et le contre, en considérant objectivement les aspects financiers, mais aussi en leur donnant du sens en regardant au-delà, avec tes priorités et tes enjeux personnels. Il s'agit probablement de la décision financière la plus importante de ta vie. Choix cornélien : as-tu une préférence pour la tranquillité ou un goût de l'indépendance ? Tu privilégies la mobilité ou l'enracinement ?

Si aujourd'hui tu n'as pas encore les capacités d'acheter ton logement, avance à l'étape suivante de la pyramide, mais réévalue régulièrement ta situation pour concrétiser cet achat au moment où il aura vraiment du sens pour toi.

PLAN D'ACTION

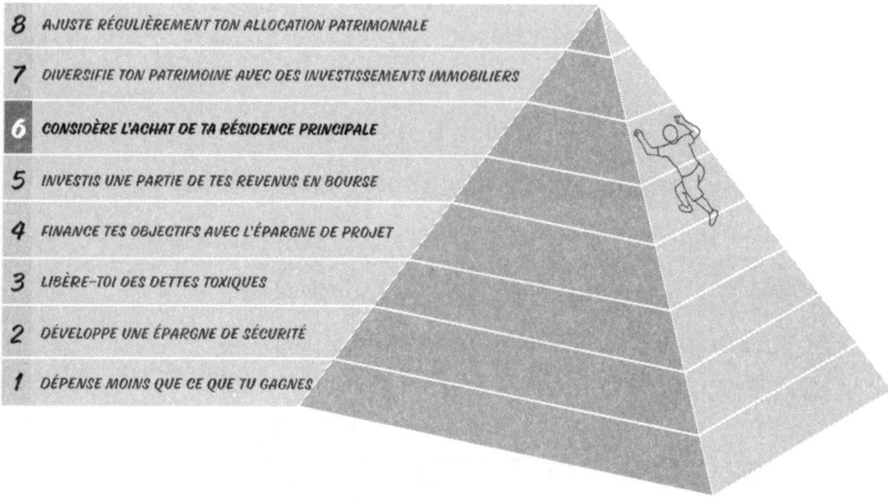

1. L'achat de ton logement t'intéresse ? **Analyse ta situation :** as-tu les ressources financières ? la stabilité géographique, personnelle, professionnelle nécessaires ? Si tu réponds non à une ou plusieurs de ces questions, reste locataire pour l'instant.

2. Si oui, **détermine tes besoins et tes envies de logement**.

3. Calcule ton budget en simulant ta mensualité maximale et idéale en fonction de tes revenus, du taux d'endettement maximal en vigueur et de l'apport minimal que tu peux apporter.

4. Simule l'horizon de rentabilité pour t'assurer que c'est financièrement viable avec un simulateur achat *VS* location.

5. Si tu t'orientes vers l'achat, **optimise ton financement** : si ton taux d'emprunt est raisonnable, minimise ton apport et allonge ta durée d'emprunt pour être en mesure d'investir ailleurs.

Étape 7

DIVERSIFIE TON PATRIMOINE AVEC DES INVESTISSEMENTS IMMOBILIERS

Entre complexité, contraintes et budgets importants, l'immobilier peut intimider, au premier abord. Pourtant, avec les bons choix, il reste l'un des moyens les plus fiables pour bâtir un patrimoine solide.

1. POURQUOI L'IMMOBILIER RESTE-T-IL L'INVESTISSEMENT PRÉFÉRÉ DES FRANÇAIS ?

Je ne vais certainement pas t'étonner en te disant que l'investissement immobilier locatif est un graal pour un grand nombre de Français. Même si cet amour de la pierre est vraisemblablement un peu exagéré, l'immobilier reste tout de même un actif indétrônable pour se constituer un patrimoine. Un bon investissement locatif est un formidable vecteur d'enrichissement qui, franchement, paraît trop beau pour être vrai quand on se penche dessus pour la première fois.

Sur le long terme, l'immobilier résidentiel s'est révélé être l'un des placements les plus performants et les plus stables dans les pays développés, y compris en France. C'est l'une des principales conclusions de l'étude monumentale *The Rate of Return on Everything, 1870–2015*, qui compile 145 ans de données économiques et financières dans 16 pays, dont la France, les États-Unis, le Royaume-Uni et l'Allemagne. Sur cette période, les auteurs montrent que l'immobilier résidentiel a été à l'origine d'un rendement réel (corrigé de l'inflation) d'environ 7 % par an en moyenne, contre 6,9 % de rendement total pour les actions[21]. Le rendement locatif combiné à la plus-value permet d'atteindre un rendement moyen global comparable à celui des actions. Mais la structure de risque est différente : grâce à une volatilité plus faible, il est souvent plus facile à supporter psychologiquement. L'étude montre d'ailleurs que, une fois ajusté au risque, le rendement de l'immobilier dépasse celui des actions ! Cela s'explique par les moindres liquidité et réactivité du marché immobilier, qui le rendent moins exposé aux ventes paniques et aux bulles. Ses prix réagissent aussi différemment aux chocs macroéconomiques. Enfin, les auteurs soulignent que la performance immobilière repose moins sur la spéculation à court terme que sur la résilience d'un actif producteur de revenus, ancré dans la réalité matérielle et fréquemment financé par effet de levier.

Dans une stratégie de constitution de patrimoine, l'immobilier résidentiel locatif ne doit pas être vu comme une alternative aux actions, mais comme un complément stratégique. La France ne fait pas exception : la stabilité des loyers, la demande structurelle en logement et les dispositifs fiscaux d'encouragement à l'investissement locatif ont permis à des millions de ménages de bâtir leur patrimoine.

Pour autant, je te conseille de t'y intéresser après avoir acheté ta résidence principale. Assure-toi d'abord un toit pour toi, avant de penser à loger des inconnus. Sinon, tu pourrais te retrouver bloqué, incapable d'acheter le logement qui te plaît parce qu'une partie de ta capacité d'endettement a déjà été consommée par un investissement locatif. En 2025, la règle des banques, c'est généralement un endettement plafonné à 35 % en rapportant les mensualités de crédits sur les revenus mensuels totaux du foyer.

À mes yeux, ce risque est plus sérieux que celui de perdre un peu de rendement en retardant un investissement immobilier. Bien sûr, cette recommandation générale ne s'applique que dans le cas où tu anticiperais l'achat d'une résidence principale à moyen terme. Par exemple, un Parisien locataire qui ne souhaite pas acheter sa résidence principale – soit parce qu'il ne remplit pas les critères de situation de vie évoqués dans le chapitre précédent, soit parce que l'horizon de rentabilité de l'achat par rapport à la location n'est pas adapté à ses projets – peut tout à fait commencer par un investissement locatif. Dans ce cas, il profite de sa capacité d'endettement pour se lancer, et, même si plus tard il décide d'acheter sa résidence principale à crédit, le poids du premier emprunt sera déjà en partie allégé par les loyers encaissés. Ses revenus auront sans doute progressé entre-temps, ce qui lui donnera aussi plus de marge pour emprunter. Et, au besoin, il garde toujours l'option de revendre son bien.

Tu vois que le sujet central quand on parle d'investissement locatif, c'est l'effet de levier permis par le crédit. En fait, c'est son vrai grand intérêt ! Dans le chapitre précédent, on a vu qu'avec l'effet levier du crédit, tu peux faire travailler un capital bien plus important que ton apport. Illustrons ce mécanisme dans le cadre de l'immobilier locatif. Imagine que tu achètes un appartement à 300 000 euros en empruntant l'intégralité du prix, avec 50 000 euros d'apport pour couvrir les frais. Quelques années plus tard, le bien vaut 400 000 euros. Si tu le revends à ce prix et que tu rembourses le crédit restant, tu récupères

100 000 € de plus-value nette. Résultat : tu as doublé ton argent initial (100 % de rendement) alors que le bien n'a pris « que » 33 % de valeur. C'est ça la magie de l'effet de levier !

Bien sûr, en cas de baisse du prix de ton bien, le levier agit dans l'autre sens. Si le bien passe de 300 000 euros à 200 000 euros, tu restes malgré tout redevable du crédit initial de 300 000 euros. Au moment de revendre, tu dois non seulement dire adieu à ton apport, mais aussi combler 100 000 euros de perte pour solder le prêt. C'est le revers de la médaille : le levier amplifie autant les gains que les pertes. Mais, comme on l'a vu dans le chapitre précédent, les grands marchés baissiers sont rares : l'effet de levier permet le plus souvent de profiter d'un retour sur investissement positif.

Il s'agit finalement de l'un des rares actifs pour lesquels ton banquier acceptera de signer un accord de prêt ! Avec cet argent, tu peux acquérir un bien qui sera en partie financé par le locataire occupant. Pendant la durée du crédit, tu profiteras de l'appréciation à long terme de la valeur du bien, que tu pourras par la suite revendre plus facilement que ton propre logement. Dans la pratique, tu peux faire en sorte que le loyer couvre la plus grande part possible de ta mensualité de crédit, c'est-à-dire viser l'autofinancement pour avoir un effort d'épargne mensuel minimal.

FOCUS → CALCULER L'EFFORT D'ÉPARGNE

Il s'agit de la différence entre les coûts mensuels du propriétaire (mensualité de crédit, charges...) et le loyer mensuel perçu. Autrement dit, c'est le montant que tu dois couvrir chaque mois avec tes revenus personnels.

Cet indicateur est clé pour les banques : il mesure l'effet réel de l'opération sur ta solvabilité, en complément du taux d'endettement. Un effort d'épargne bas facilite l'obtention du prêt et te permet de préserver une bonne capacité d'endettement pour emprunter à nouveau : les loyers fournissent un revenu supplémentaire qui « dilue » le poids du premier crédit dans le taux d'endettement.

À noter : les banques intègrent généralement les loyers perçus à hauteur d'environ 70 % pour tenir compte des risques de vacance et d'impayés.

Pour optimiser cet effort d'épargne, tu peux jouer sur plusieurs leviers : allonger la durée du prêt si le taux d'emprunt est raisonnable, augmenter le montant du loyer (grâce à des travaux par exemple) ou augmenter ton apport.

Avec un investissement rentable, tu n'as donc pas forcément à mettre beaucoup d'argent chaque mois pour assurer le prêt. Mieux encore, chaque mensualité contient une part majoritaire qui rembourse le capital restant dû, augmentant mois après mois ta part de propriété dans le bien. Et, à la fin du remboursement du crédit, l'intégralité du loyer te revient !

RÈGLE D'OR #23

EN IMMOBILIER LOCATIF, VISE UN PROJET QUI S'AUTOFINANCE, AVEC UN EFFORT D'ÉPARGNE MENSUEL MINIMAL.

Mais n'oublions pas qu'il existe des contreparties à prendre sérieusement en compte. D'abord, le ticket d'entrée est généralement élevé : plusieurs milliers ou dizaines de milliers d'euros, à cause de frais d'entrée – environ 8 % de frais de notaire pour un bien, ou de frais d'entrée pour la pierre-papier – qui jouent un rôle majeur dans le fonctionnement de ce placement. Tout comme pour une résidence principale, il est généralement nécessaire de se projeter sur le long terme pour les amortir et obtenir un résultat bénéfique sur ton patrimoine. De plus, contrairement aux marchés boursiers où tu peux réinvestir petit à petit, en immobilier il te faut souvent accumuler une épargne suffisante pour acheter un nouveau bien ou réallouer les loyers vers d'autres investissements, ce qui freine la capitalisation rapide.

Je constate que l'immobilier est trop souvent opposé à la Bourse. Si tu pars avec zéro investissement, pourquoi ne pas suivre les deux voies en parallèle ? Les actions t'apporteront un vrai dynamisme grâce aux rendements composés sur tes fonds propres, tandis que l'immobilier te fera accéder à un investissement supplémentaire grâce au levier bancaire.

Si l'aventure de l'investissement locatif te tente et que tu es prêt à assumer une dette de plus, il te faudra garantir la stabilité de tes revenus, tout comme pour l'achat d'une résidence principale. Mais n'oublie pas que ta capacité d'emprunt est précieuse : il est crucial de ne pas la gâcher sur des projets médiocres, possiblement coûteux sur les plans financier et humain !

2. QUELLES FORMES D'INVESTISSEMENT LOCATIF CHOISIR ?

Avant que l'on voie ensemble les différentes options existantes, comprends bien qu'il n'existe pas un investissement locatif idéal pour tout le monde. Le bon choix pour toi dépend de paramètres que tu dois soigneusement prendre en compte pour élaborer un projet pertinent. Réfléchis notamment à : ton temps disponible, tes compétences, tes moyens, ta tolérance au risque, ta volonté d'implication et tes priorités patrimoniales.

Il existe forcément une façon d'investir en immobilier locatif qui te correspond !

3. L'IMMOBILIER LOCATIF EN DIRECT : LES ENJEUX PRATIQUES

Si l'idée d'un investissement tangible, sur lequel tu peux intervenir physiquement, te parle, l'immobilier locatif actif mérite d'être considéré. Posséder un logement en tant que bailleur te donne un sentiment de contrôle que n'offrent pas les placements purement financiers : tu peux rénover, améliorer, choisir les locataires et tu as même la possibilité de l'utiliser, si besoin, pour te loger ou bien loger un proche. Pour beaucoup, c'est aussi un investissement qui réconcilie profit et utilité : réhabiliter un logement, participer à l'amélioration d'un quartier et loger des personnes confortablement ont une dimension concrète et éthique qui compte.

Les rendements obtenus sur ton investissement peuvent éventuellement être bien supérieurs à ceux d'un indice boursier, mais le travail supplémentaire pour les obtenir est réel. Être bailleur, c'est exercer un vrai métier, avec des responsabilités juridiques, fiscales et techniques non négligeables. Il faut concevoir la gestion locative comme une activité entrepreneuriale : recrutement de locataires, gestion des candidatures et des conflits, supervision des travaux, suivi des loyers, gestion des impayés et des vacances locatives. Les obligations légales et les normes à respecter peuvent te mettre en position de devoir agir vite et en connaissance de cause.

Si tu délègues l'essentiel de cette gestion, une partie significative de ton rendement sera absorbée par les frais de gestion, et tu auras toujours la responsabilité de prendre les décisions importantes. Si tu assumes toi-même 100 % de la gestion, une partie de tes revenus fonciers est en réalité une rémunération déguisée de ton travail !

En effet, le travail à fournir est important et les risques sont variés. Outre les impayés et les vacances locatives, il faut anticiper les travaux imprévus. Les réparations coûteuses (toiture, ravalement, isolation, chaudière, plomberie...) peuvent compromettre tes revenus fonciers pendant plusieurs années si elles tombent mal. Tu dois bien comprendre que les gros travaux d'entretien se traduisent rarement en plus-value équivalente. Si tu dépenses 15 000 euros pour un ravalement de façade, il est illusoire d'espérer revendre ton bien en récupérant la totalité de la facture. Le marché récompense surtout la qualité et la localisation sur le long terme. L'entretien majeur stabilise la valeur et limite la dépréciation, mais ne transforme pas chaque euro dépensé en euro de plus sur le prix de vente !

Investir dans un nombre limité de biens signifie assumer tous les risques spécifiques liés à chacun d'eux. C'est le revers de la médaille de cet investissement concentré : un locataire en retard de paiement, un sinistre local ou un ralentissement du marché immobilier de ton secteur peuvent avoir un effet significatif.

Il est même possible de réaliser une moins-value sur une propriété alors que le marché global reste haussier, même si cela reste relativement rare. C'est pourquoi chaque investissement immobilier s'envisage au cas par cas, un peu comme un investisseur boursier qui pratique le *stock picking*. Il faut disposer de temps, d'une certaine expertise… et bénéficier d'une conjonction favorable de circonstances !

Voilà les limites des rendements trop propres rapportés dans l'étude *The Rate of Return on Everything*[21]. Ce ne sont que des rendements moyens, indicatifs d'une tendance globale ! Ils ne reflètent pas non plus les risques de perte de revenus ou de dépenses occasionnelles, ni les frais récurrents ni le coût en temps que représente la gestion si tu décides de la faire toi-même.

Pour que l'investissement locatif ait de bonnes chances d'être rentable, il est préférable que tu disposes d'au moins l'un des éléments suivants : un réseau d'artisans fiables, la compétence et la capacité de réaliser toi-même les travaux, ou le temps et le talent pour dénicher les bonnes affaires. Si tu n'as aucun de ces leviers – et surtout si tu n'as ni la disponibilité géographique ni le temps pour t'en occuper –, la probabilité que l'opération tourne mal augmente fortement.

Quel type de bien privilégier pour un investissement locatif en direct ?

Choisir le bon type de bien commence par une question simple : à quel environnement immobilier veux-tu être exposé ? Tous les investissements locatifs ne se valent pas et les mécanismes diffèrent beaucoup selon le secteur. Dans les grandes villes comme Paris, Lyon ou Bordeaux, le prix d'achat est élevé et les rendements sont souvent faibles, mais la probabilité d'une appréciation du prix est plus élevée. C'est une stratégie conservatrice, patrimoniale : tu acceptes un rendement locatif plus modeste contre la quasi-certitude d'un maintien *au minimum* du prix sur le long terme.

RÈGLE D'OR #24

NE COMPTE PAS UNIQUEMENT SUR UNE PLUS-VALUE FUTURE, EXIGE UN RENDEMENT LOCATIF DÈS LE PREMIER JOUR.

Cependant, on a vu dans le chapitre précédent que les prix de l'immobilier se sont envolés depuis quelques années de façon décorrélée des revenus des ménages, et ceci particulièrement dans les plus grandes métropoles. Il n'est pas exclu que les valorisations immobilières soient en berne dans les prochaines années. Pour cette raison, attention à ne pas délaisser le critère d'un bon rendement locatif dans tes calculs, si tu souhaites investir dans ces villes où la poursuite du rythme de la hausse des valorisations n'est pas évidente.

À l'inverse, tu peux acheter dans une petite ville perçue comme moins attractive où les rendements peuvent être deux ou trois fois supérieurs, mais où l'évolution du prix est plus incertaine et où il sera parfois plus difficile de trouver et de sélectionner des locataires. Méfie-toi par contre des petites communes dans lesquelles on te parle de rendements à deux chiffres : ils masquent souvent un risque élevé de vacance locative, d'impayés et de moins-value. Rendement élevé rime souvent avec risques opérationnels et volatilité locale !

Si tu comptes gérer toi-même ton bien, vise idéalement un secteur proche de chez toi, que tu as l'avantage de connaître. La proximité facilite les visites, la supervision des travaux incontournables à un moment donné, la présence aux assemblées de copropriété et la sélection des locataires. Elle évite aussi les frais de gestion d'agence qui grèvent rapidement ta rentabilité.

Il est essentiel que le secteur dispose d'un tissu économique assez fort pour attirer et retenir des locataires solvables. Dans les grandes villes étudiantes ou dans celles avec un bassin d'emploi solide, la location longue durée est généralement adaptée. Si tu recherches un placement traditionnel, privilégie un studio ou un T2 meublé (avec le statut de loueur en meublé non professionnel, sur lequel on va revenir) : ils se louent vite et offrent un bon rendement. Dans les villes petites ou moyennes, un T3 correspondra souvent mieux à la demande locale. En zone rurale, les maisons répondent davantage aux attentes des locataires. Les garages représentent aussi une option, surtout achetés en lot, pour éviter les contraintes administratives d'un bailleur face à un loyer trop faible pour un seul emplacement.

Dans tous les cas, tu peux améliorer ton rendement en négociant le prix d'achat, en limitant les intermédiaires et en réalisant des travaux de rénovation pertinents qui augmentent le potentiel de plus-value à court terme. La colocation et la location de courte durée peuvent également faire grimper la rentabilité, mais elles demandent un surcroît de travail avec une gestion plus intensive liée au turn-over fréquent. En zone touristique, la location courte durée en particulier peut générer des revenus supérieurs grâce à la liberté de fixer le prix à la nuitée, mais ceux-ci sont plus fluctuants et dépendants de la saisonnalité. Le risque d'impayés reste faible, puisque les locataires règlent à l'avance, et tu peux même profiter du logement pour toi-même à certains moments de l'année. En contrepartie, la gestion est chronophage (communication avec les voyageurs, ménage, check-in/out, remplacement d'équipements) et le bien s'use plus vite qu'en location longue durée du fait du turn-over élevé. Déléguer à une conciergerie simplifie l'exploitation mais réduit la rentabilité, et il faut rester attentif à la réglementation locale, parfois stricte dans certaines zones.

Une fois le type de bien et le secteur choisis, intéresse-toi uniquement à des annonces idéalement situées ou dont la localisation précise est amenée à être mieux valorisée. La proximité des transports, d'employeurs, d'établissements d'enseignement et la qualité du voisinage sont déterminantes. L'emplacement, c'est LE mot d'ordre en immobilier. Le rendement change d'une rue à l'autre, et même au sein d'un même immeuble en fonction d'un avantage ou d'une nuisance qu'aurait l'appartement ! Enfin, n'oublie pas d'évaluer les risques physiques : l'exposition aux inondations, aux incendies ou aux autres risques climatiques peut peser lourd sur la valeur et la gestion du bien.

RÈGLE D'OR #25

EN IMMOBILIER, CHOISIS L'EMPLACEMENT AVANT LE BIEN.

Quel que soit ton choix, vise donc une localisation solide dans un secteur que tu connais personnellement, à proximité de ton lieu de vie, et sois honnête sur le temps et l'énergie que tu es prêt à y consacrer.

Choisis la bonne structure juridique et fiscale pour ton projet

Une fois que tu as une idée du niveau d'implication que tu souhaites avoir et du type de bien qui t'intéresse, il est temps de discuter du choix de statut juridique à adopter. Tu peux détenir ton bien en nom propre ou bien *via* une société, ce qui influe beaucoup la fiscalité et donc la rentabilité finale, mais aussi l'effort de gestion et la transmission. Ce n'est pas seulement une question d'impôt : c'est d'abord une question de finalité (gestion courante, transmission familiale, activité « pro » de location, etc.).

Pour faire simple :

En nom propre = simplicité

Tu déclares les loyers sur ta déclaration personnelle : revenus fonciers pour la location nue, bénéfices industriels et commerciaux (BIC) pour la location meublée. Peu de formalités, mais ton patrimoine personnel reste directement exposé (responsabilité civile et financière).

Via *une société = structuration*

RÈGLE D'OR #26

POUR ÊTRE RENTABLE, ADOPTE UNE STRUCTURE JURIDIQUE ET FISCALE COHÉRENTE AVEC TON PROJET D'INVESTISSEMENT IMMOBILIER.

La société permet d'organiser la transmission, la gestion entre associés, et d'inscrire des clauses statutaires. Tu gagnes également en flexibilité fiscale (option à l'impôt sur les sociétés, amortissements, etc.). En contrepartie, tu assumes des coûts et des contraintes : comptabilité, formalités, coûts fixes (expert-comptable, assemblées).

La société civile immobilière

La société civile immobilière (SCI) est avant tout un outil de gestion et de transmission patrimoniale. Par défaut, elle est soumise à l'impôt sur le revenu (IR) par transparence : les bénéfices et déficits « remontent » aux associés et sont imposés entre leurs mains selon leurs parts. Tu peux toutefois opter pour l'assujettissement à l'impôt sur les sociétés (IS) : cette option a des conséquences comptables et fiscales qu'il faut connaître.

Points pratiques/avantages :

- Souplesse statutaire : règles internes, pactes, répartition fine des parts… utile quand plusieurs associés interviennent et pour éviter l'indivision.
- Transmission facilitée (parts sociales) : idéal pour organiser une transmission familiale.

Limites et risques :

- La location meublée est une activité commerciale : si la SCI pratique la location meublée de façon répétée, l'administration peut requalifier l'activité en commerciale. La SCI serait alors imposée à l'IS et soumise à des obligations comptables et fiscales différentes.
- L'option pour l'IS change le traitement comptable (amortissements possibles) et modifie la fiscalité à la revente et sur les distributions : les amortissements peuvent être repris à la cession et les bénéfices distribués seront imposés au niveau des associés. Cette option devient en pratique irrévocable à terme, vérifie donc l'effet sur la revente et sur la distribution avant d'opter pour.

En résumé, la SCI est une excellente option pour la détention et la transmission en location nue. Méfie-toi toutefois si tu envisages une location meublée intensive depuis la SCI : préfère alors une structure dédiée (SARL, exploitation en nom propre, ou SCI à l'IS selon le cas).

Les autres types de sociétés

La société à responsabilité limitée (SARL), ou EURL si un seul associé, est une forme commerciale adaptée lorsque l'activité est effectivement professionnelle, et imposée de plein droit à l'IS. Elle offre davantage de possibilités pour la rémunération du gérant et entraîne des charges sociales potentielles. Les coûts et formalités (comptabilité, déclarations sociales) sont plus lourds que pour un propriétaire en nom propre ou une SCI à l'IR.

La SARL de famille est une variante qui, sous conditions (associés membres d'un même cercle familial), peut permettre d'opter pour l'IR. Elle est pratique si tu veux garder la transparence fiscale tout en restant dans une SARL (transmission, rémunération du gérant, etc.).

La location nue en nom propre

Quand tu loues un bien non meublé (nu) en nom propre, tu as le choix entre le régime fiscal micro-foncier et le régime des frais réels. Cela ressemble dans le principe au choix entre la déduction de 10 % et la déduction des frais réels pour l'imposition d'un salarié, que tu connais sûrement :

- **Micro-foncier :** s'applique aux « petits » loueurs percevant moins de 15 000 euros de loyers annuels pour un bien nu. Au lieu de déduire tes charges de propriétaire, tu bénéficies d'un abattement forfaitaire de 30 % : tu es taxé sur 70 % de tes revenus fonciers. Ce régime n'est donc pertinent que si tes charges réelles ne dépassent pas 30 % !

- **Régime réel :** s'applique au-delà du seuil des 15 000 euros, ou sur option. Tu déduis alors les charges réellement supportées : intérêts d'emprunt, travaux, assurance, frais de gestion, taxe foncière, etc. Si les charges dépassent les revenus fonciers, tu constates un déficit foncier : une partie peut être déduite de ton revenu global (salaire, pensions de retraite...) dans la limite de 10 700 euros par an, l'excédent étant reportable sur les revenus fonciers futurs.

L'imposition se fait dans tous les cas à l'impôt sur le revenu, selon ta tranche marginale (jusqu'à 45 %), à laquelle s'ajoutent les prélèvements sociaux (17,2 %) et la taxe foncière. En location nue, une part importante des revenus part donc souvent en impôts et prélèvements !

La location meublée en nom propre

Le régime fiscal de la location meublée est souvent plus intéressant et s'adapte bien aux petites surfaces en zone tendue. En LMNP (location meublée non professionnelle), les revenus locatifs sont considérés comme des BIC (bénéfices industriels et commerciaux), avec une imposition souvent plus favorable que les revenus fonciers.

Fiscalement, tu peux choisir :

- **L'abattement forfaitaire (micro-BIC) :** tu es imposé sur une assiette réduite (50 % des revenus locatifs).

- **Les frais réels :** obligation de comptabilité, mais possibilité de déduire charges et amortissements, ce qui peut réduire fortement l'imposition, voire la neutraliser pendant plusieurs années si les amortissements sont importants. Cet avantage explique l'engouement des investisseurs pour le LMNP ! Sache que les frais réels s'appliquent automatiquement si les recettes annuelles dépassent 77 500 euros.

En contrepartie de cette fiscalité adoucie, il faut meubler le logement, mais le loyer est généralement un peu supérieur à la location nue. La gestion est aussi plus souple : bail d'un an en meublé contre trois ans en location nue. Attention toutefois à la surcharge fiscale à la revente !

Remarque : on devient LMP (loueur en meublé professionnel) si les recettes annuelles globales de l'activité dépassent 23 000 euros ET si ces recettes excèdent les autres revenus professionnels du foyer fiscal.

Les investissements défiscalisants

Les dispositifs de défiscalisation (Pinel, Denormandie, Censi-Bouvard, etc.) offrent une réduction ou un crédit d'impôt en échange de certains engagements : durée de location, loyers plafonnés, performance énergétique, etc. Leur rentabilité dépend surtout du prix d'achat (souvent plus élevé dans le neuf), de la durée d'engagement et de la revente. Si tu paies nettement plus cher pour un bien neuf qui rapporte le même loyer, la réduction d'impôt ne suffira pas à compenser : tu achètes au prix du neuf, mais tu revendras au prix de l'ancien. Mieux vaut un placement solide et imposé qu'un mauvais placement défiscalisé. La carotte fiscale ne doit jamais masquer l'essentiel : l'opération doit être rentable par elle-même, la défiscalisation n'étant qu'une cerise sur le gâteau.

Sache que les revenus locatifs issus de ces placements sont considérés comme des revenus fonciers et restent donc très imposés.

RÈGLE D'OR #27

UN BON INVESTISSEMENT DOIT RESTER RENTABLE MÊME SANS AVANTAGE FISCAL.

IR VS IS : effets concrets

IR (en nom propre, ou SCI à l'IR, ou SARL de famille à l'IR)

- *Avantages :* transparence fiscale, accès au déficit foncier et aux abattements sur les plus-values des particuliers en cas de revente après une longue détention.
- *Inconvénients :* les revenus (fonciers en nu, BIC en meublé) remontent dans ta déclaration personnelle et sont intégrés à tes revenus imposables + 17,2 % de prélèvements sociaux.

IS

- *Avantage :* possibilité d'amortir l'immobilier et le mobilier en comptabilité, ce qui réduit le résultat imposable annuellement. Les associés ne paient pas d'impôt personnel sur des gains non distribués, ce qui améliore les flux financiers pour rembourser l'emprunt ou réinvestir, un atout pour les contribuables fortement imposés.

• *Inconvénients :* la plus-value à la revente se calcule souvent sur la valeur d'achat initial minorée des amortissements, ce qui peut majorer la plus-value et alourdir la fiscalité à la cession. De plus, la distribution des bénéfices entraîne une deuxième imposition (IS et prélèvements sociaux, puis IR sur les dividendes versés).

Checklist avant de choisir un montage

• Définis l'objectif : transmission familiale ? rente immobilière immédiate ? exploitation professionnelle ? plus-value pour développer un patrimoine à terme ?

• Choisis l'usage principal du ou des biens (location nue/meublée longue durée/meublée courte durée...) et leur horizon de détention.

• Simule la fiscalité entre IR et IS. À l'IR, les revenus fonciers (nu) ou les BIC (meublé) remontent sur ta feuille d'impôt : c'est simple et transparent. À l'IS, *via* une société, tu optimises tes flux financiers grâce aux amortissements, mais la revente peut être plus coûteuse (amortissements réintégrés, plus-value potentiellement plus taxée). Un même bien peut voir sa rentabilité divisée par deux... ou doublée selon le montage. D'où l'intérêt de consulter un expert-comptable.

- Pense aux coûts fixes : comptable, formalités, gestion, obligations déclaratives.
- Sollicite un notaire dès qu'il s'agit de transmission, SCI, donation ou structuration familiale.

Repères rapides :

- Transmettre/protéger le patrimoine familial → SCI (IR) en tête.
- Optimiser *le cash-flow* et réinvestir sans distribuer → IS à envisager.
- Activité organisée/professionnelle (location courte durée à grande échelle) → SARL ou autre société selon gouvernance et statut social.
- Petit investissement locatif, recherche de simplicité → nom propre (micro-BIC, micro-foncier ou réel selon les charges).

Comment trouver un bien intéressant ?

Voyons maintenant les étapes à suivre sur le terrain : comment repérer un bien prometteur dans ton secteur, mesurer sa performance réelle et juger sereinement si le projet tient la route pour toi.

1. D'abord, scanne le marché : paramètre des alertes sur Leboncoin, SeLoger, PAP (et autres plateformes locales, et regarde quotidiennement les nouvelles annonces au début de ta recherche pour sentir les prix et le rythme du marché. Plus tu vois d'annonces, mieux tu sais reconnaître une opportunité !

2. Vérifie les prix réellement pratiqués : croise les annonces avec les transactions notariales *via* la base de données en ligne DVF (Demande de valeurs foncières) pour vérifier le prix au mètre carré réel. Cela te protège contre le risque principal : surpayer. Si le prix demandé s'écarte nettement du DVF pour des biens comparables, creuse avant d'entrer en négociation.

3. Estime la demande locative : repère les annonces de logements comparables et note leurs loyers et leurs durées de mise en ligne. L'objectif : vérifier que le loyer que tu vises est réaliste et que la demande existe. Certains investisseurs publient des annonces test, mais ça reste contestable.

4. Visite plusieurs biens et estime les travaux, si possible avec un expert bâtiment : petit rafraîchissement, rénovation lourde, mise aux normes... Des travaux mal évalués nuisent à l'intérêt d'un projet.

5. Calcule les rendements brut et net pour savoir si le bien en tant que tel est intéressant.

FOCUS → CALCULER LE RENDEMENT DE TON PROJET IMMOBILIER

Quand tu analyses un bien immobilier à proposer à la location, il existe plusieurs façons de mesurer son rendement.

Le rendement brut

C'est la version la plus simple : tu compares les loyers que tu encaisses en un an avec le prix du bien (en incluant les frais de notaire).

Exemple : tu achètes un appartement
160 000 euros + 12 000 euros de frais de notaire,
soit 172 000 euros au total.

Le bien est loué 750 euros par mois, soit 9 000 euros par an. Rendement brut = 9 000/172 000 ≈ ***5,2 %****.*

Sois un peu pessimiste en tenant compte de périodes de vacance locative et d'un pourcentage de loyers non perçus. C'est un premier indicateur, mais il ne tient pas encore compte des frais que tu auras à payer chaque année.

Le rendement net de charges

Ici, on corrige le calcul en retirant les dépenses incontournables : taxe foncière, assurance, provision pour travaux et entretien, gestion locative si tu passes par une agence.

Une fois ces frais retirés des loyers, ton rendement net est logiquement plus faible. *Dans notre exemple, on tombe à environ* ***3,8 %****.*

> Remarque : ces calculs de rendement n'évaluent que la phase de location. Il faudra également intégrer le prix de revente :
>
> Si tu loues peu cher, mais que tu revends avec un gain significatif, ton projet est rentable.
>
> À l'inverse, un bon rendement locatif ne compensera pas forcément une grosse perte à la revente.
>
> La rentabilité finale inclura aussi la fiscalité appliquée au projet, d'où l'importance de bien penser ton montage fiscal.

Une fois les rendements brut et net établis, passe à l'analyse du montage financier : c'est là que se décide la viabilité du projet pour toi.

6. Simule plusieurs scénarios de financement en variant : taux, durée, apport. Regarde les différents efforts d'épargne potentiels qui en découlent pour évaluer la portée concrète sur ton budget. Rappel : l'effort d'épargne correspond à la différence entre les coûts mensuels et les revenus locatifs. Il intègre donc le coût du crédit ! Le même rendement net peut donc donner des efforts d'épargne très différents selon le montage.
7. Contrôle les documents légaux, et particulièrement en copropriété. Ne te contente pas des informations données par l'agent immobilier : exige les documents clés (procès-verbaux des assemblées de copropriété, comptes annuels, relevé des charges, état daté qui récapitule la situation financière du

lot, règlement de copropriété). Vérifie notamment les travaux lourds votés et les montants des appels de fonds, l'existence d'impayés, les procédures en cours, l'évolution des charges et les clauses du règlement qui restreindraient des usages (par exemple la courte durée). Si tu identifies des signaux d'alerte, rencontre le syndic avant d'aller plus loin.

Optimise ton financement

Comme pour ta résidence principale, finance ton projet avec le moins d'apport possible pour maximiser l'effet de levier, si le taux est raisonnable. Idem, en empruntant sur une longue durée, tu réduis le montant de ta mensualité pour en avoir une du même ordre de grandeur que le loyer que tu perçois. Ainsi, tu dois fournir moins d'effort mensuel de trésorerie, rendant plus faisable la souscription à un crédit pour un autre projet.

Derrière les chiffres

Finalement, beaucoup de gens sous-estiment l'implication et la rigueur qu'exige un investissement immobilier en direct, et cela ne s'arrête pas une fois le projet lancé. Entre la disponibilité régulière (même pendant les vacances) et la charge mentale liée à la gestion, on est loin d'un placement passif. Les sociétés de gestion peuvent soulager une grande partie du travail opérationnel, mais elles n'éliminent ni les coûts imprévus ni la responsabilité du propriétaire. Prévois donc une épargne

RÈGLE D'OR #28

GARDE TOUJOURS UNE RÉSERVE DE TRÉSORERIE POUR LES IMPRÉVUS LOCATIFS.

de précaution adaptée pour couvrir la vacance locative, les réparations et les appels de fonds exceptionnels.

Si tu veux limiter ces contraintes tout en investissant dans l'immobilier, une solution consiste à acheter des parts de pierre-papier. Cela permet d'investir dans l'immobilier sans gérer directement les biens, en en déléguant l'exploitation à des professionnels.

4. LA GESTION PASSIVE : LA PIERRE-PAPIER

La « pierre-papier » désigne l'ensemble des solutions qui permettent d'investir dans l'immobilier sans en assurer la gestion opérationnelle. Tu as probablement déjà entendu parler des SCPI, les sociétés civiles de placement immobilier, régulièrement mises en avant. Il ne s'agit en fait pas d'une nouveauté, elles existent depuis des décennies ! Les SCPI détiennent des parcs d'actifs réels – bureaux, commerces, santé, logistique, résidentiel – et mutualisent le risque sur des dizaines ou des centaines d'immeubles et de locataires.

Plutôt que d'acheter un appartement, tu peux acheter des parts de SCPI et devenir propriétaire associé de ce parc immobilier ! C'est la réponse naturelle si tu veux être exposé à l'immobilier (revenus courants et potentiel de valorisation) sans subir la charge de la gestion locative.

Les SCPI offrent des avantages clairs si tu veux de l'immobilier sans la « corvée » de la gestion. En devenant associé, tu délègues cette gestion à des équipes spécialisées qui s'occupent de la sélection des actifs, de la mise en location, de la relation avec les locataires et des soucis courants. Cela te libère de la charge mentale des relances, des sinistres et des travaux à piloter. Par ailleurs, la société de gestion va collecter les loyers et t'en reverser un pourcentage, en général de façon trimestrielle.

Mais, surtout, la SCPI réduit fortement le risque opérationnel lié à la concentration : contrairement à un appartement détenu seul, où un impayé, une vacance longue ou un gros sinistre peuvent gripper ton rendement, un locataire défaillant dans un grand portefeuille n'entraîne pas à lui seul une baisse significative des revenus distribués. La performance est lissée par la taille du parc d'actifs !

Autre bénéfice majeur : l'accès à des classes d'actifs habituellement réservées aux investisseurs institutionnels. Par l'intermédiaire d'une SCPI, un particulier peut être exposé à des secteurs spécialisés : immobilier de santé (cliniques, EHPAD), immobilier tertiaire de qualité (plateaux de bureaux, immeubles), entrepôts logistiques, dont la gestion exige des équipes, des baux et des montages financiers complexes. Ces actifs offrent souvent des baux longs et des revenus indexés, contribuant à la résilience des revenus. Enfin, la diversification géographique (différents marchés, différentes villes ou pays) et sectorielle réduit l'influence des cycles locaux. Il faut toutefois rester lucide : cette diversification n'annule pas complètement le risque de marché. Une crise macroéconomique ou immobilière peut affecter simultanément plusieurs actifs d'une SCPI. Par exemple, lors de la crise liée à la COVID-19, le marché des bureaux en Île-de-France a fortement souffert : le taux régional de vacance locative est monté à 6,8 % à la fin de 2020[22]. Mais, pour l'investisseur qui cherche à limiter au maximum la gestion opérationnelle et à diluer le risque spécifique lié à un seul bien, les SCPI représentent une solution structurée, professionnalisée et à la perspective de rendement plus sûre qu'un placement concentré dans un seul bien.

Bien sûr, un projet locatif direct, bien choisi et financé intelligemment, pourra surpasser la performance moyenne d'une SCPI, rémunérant ainsi l'investissement personnel. Les rendements moyens des SCPI restent à ce titre tout à fait intéressants (environ 5 %), mais l'effet de levier est moins simple à obtenir que pour un projet en direct. Si emprunter pour acquérir des parts de SCPI est possible, les banques privilégient souvent le financement des SCPI de leur propre réseau, ce qui complique l'accès au crédit pour certaines sociétés de gestion.

Mais où les trouver ? Tu peux acheter des SCPI directement auprès d'une société de gestion, *via* un conseiller en gestion de patrimoine, par l'intermédiaire d'un courtier spécialisé ou encore au sein d'une assurance-vie ou d'un PER, selon les contrats.

Comme pour l'immobilier en direct, il existe des frais initiaux, généralement compris entre 7 % et 12 % à la souscription, qui imposent d'envisager un horizon de placement long pour les amortir. À cela s'ajoutent des frais de gestion courants qui sont prélevés directement par la société de gestion : tu ne les vois pas passer, puisque les loyers distribués sont déjà nets de ces frais.

Enfin, la liquidité peut varier selon le mode d'acquisition : intégrées dans une assurance-vie, les parts bénéficient généralement d'une plus grande fluidité *via* le contrat, alors que la revente de parts achetées en direct peut prendre plus de temps et dépendre du marché secondaire.

Investir en SCPI *via* un contrat d'assurance-vie ou un PER est fiscalement très intéressant. Dans une assurance-vie de plus de 8 ans, la fiscalité avantageuse du contrat s'applique aux revenus immobiliers distribués, ce qui est particulièrement pertinent pour un investisseur fortement imposé (TMI de 30 % et plus). Les bons PER offrent la possibilité d'investir en immobilier tout en bénéficiant de la déductibilité des versements, mais n'oublie pas que cette option bloque l'argent jusqu'à la retraite ! Sur ces enveloppes, tu profites de l'effet composé des rendements, car les loyers peuvent être réinvestis à 100 % (ils ne sont pas imposés si tu ne les retires pas). En revanche, ces enveloppes présentent des frais de gestion intrinsèques et ne favorisent pas l'effet de levier, car il n'est pas possible de financer l'achat des parts par un prêt immobilier. L'unique alternative pratique est le crédit à la consommation, peu adapté pour des montants significatifs. Ce type de placement est donc pertinent pour conserver et profiter d'un capital préexistant sur cette classe d'actif résiliente qu'est l'immobilier, en faisant une croix sur le dynamisme apporté par un crédit.

L'achat direct de parts, hors assurance-vie, reste la voie à privilégier si tu as la bonne idée de prioriser l'effet de levier. Acheter en direct permet de solliciter un crédit immobilier et d'amplifier le rendement, mais cela implique d'accepter une fiscalité plus « brute » (revenus imposés annuellement comme revenus fonciers si les parts sont détenues en nom propre, ou selon l'option choisie si la détention passe par une SCI) et une liquidité moins immédiate.

Sur le plan pratique, le choix entre assurance-vie/PER et achat direct dépend de deux paramètres essentiels : ton besoin et ton envie d'emprunter, et ton taux marginal d'imposition. Si tu ne souhaites pas faire de crédit et que tu es fortement imposé, une bonne assurance-vie ou un PER te permettent d'optimiser la fiscalité et de gagner en simplicité. Si tu vises le rendement maximal *via* l'effet de levier et que tu supportes une fiscalité foncière classique, l'achat en direct sera plus efficace.

Mais, concrètement, quelles SCPI acheter ?

Privilégie déjà une société de gestion avec un historique de gestion de qualité, puis vise à diversifier ton portefeuille sur plusieurs SCPI pour maximiser la diversification et réduire le risque spécifique. Compare soigneusement l'historique et la volatilité des performances, la facilité de revente des parts, les frais d'entrée et de gestion. Analyse aussi la politique de distribution : certaines SCPI distribuent la quasi-totalité des loyers après frais, tandis que d'autres choisissent d'en conserver une partie en réserve ou privilégient la capitalisation.

Remarque : il existe aussi des SCI proposées par des sociétés de gestion, qui fonctionnent comme des fonds de fonds. Elles peuvent regrouper des parts de SCPI, de l'immobilier détenu en direct, des titres de sociétés foncières et des liquidités. L'objectif est d'offrir une large diversification au sein d'un même support. Concrètement, ces SCI ont souvent des frais d'entrée plus faibles que les SCPI, mais elles ajoutent des couches de frais de gestion et rendent la composition du portefeuille moins transparente. Elles capitalisent (il n'y a pas de distribution régulière de loyers comme dans une SCPI) et, du fait de leur exposition multiple – parfois aux marchés financiers –, elles peuvent se montrer plus volatiles.

En bref, la pierre-papier, et en particulier les SCPI, offre une solution simple et professionnelle pour rester exposé à l'immobilier sans en subir la gestion. Elle intéresse des profils très variés d'investisseurs, du particulier cherchant de la simplicité à l'investisseur plus aguerri souhaitant diversifier son patrimoine.

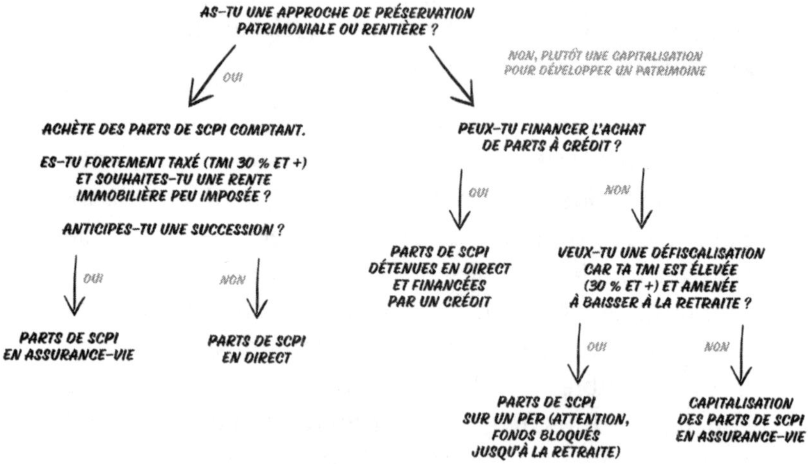

La bonne voie de l'investissement en SCPI selon ton profil

PLAN D'ACTION

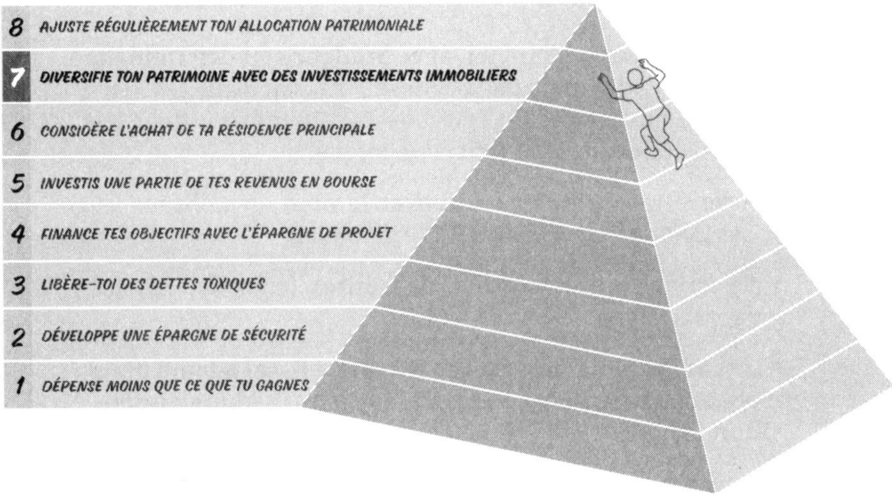

1. Définis ton niveau d'implication : pierre-papier pour la tranquillité d'esprit ? immobilier en direct pour le sentiment de contrôle ?

2. Fixe un objectif patrimonial clair : rente immédiate ? activité professionnelle ? prise de valeur ? transmission ?

3. Choisis une structure juridique et une fiscalité adaptées : en nom propre ? en société ? à l'IR ou à l'IS ? Implique si besoin un notaire et un expert-comptable.

4. En cas de projet en direct :

- **Focalise tes recherches sur des secteurs de qualité** que tu connais personnellement.

- **Choisis le bon type de bien et le bon mode d'exploitation** (nue/meublée/courte durée/colocation), alignés sur la demande locale et sur ton temps disponible (gestion personnelle VS déléguée).

- **Évalue l'intérêt d'un bien avec prudence** en déterminant le montant des travaux à réaliser, en calculant les rendements brut et net (intègre une part d'imprévu dans les calculs) et en simulant l'effort d'épargne.

- **Assure-toi de ne pas surpayer le bien** en utilisant les bases de données des prix de l'immobilier.

- **Sélectionne avec soin tes locataires** (vigilance sur les garants).

- Lors de l'exploitation, **utilise le régime fiscal adapté** (frais réels, amortissements en LMNP, etc.) **pour réduire l'imposition** lorsque c'est pertinent.

- **Conserve une épargne de sécurité supplémentaire** pour les imprévus liés au bien.

5. En cas de projet de pierre-papier, **développe un portefeuille diversifié** géographiquement et sur plusieurs secteurs grâce à au moins 2-3 fonds complémentaires. Vise de grands fonds liquides, aux frais d'entrée contenus et aux historiques de performance satisfaisants.

6. Pour développer ton patrimoine, **finance le projet avec un crédit long** (si taux raisonnable) et avec un apport contenu, pour maximiser l'effet de levier et minimiser l'effort d'épargne mensuel.

Étape 8

AJUSTE RÉGULIÈREMENT TON ALLOCATION PATRIMONIALE

Construire un patrimoine solide ne consiste pas seulement à empiler des placements les uns sur les autres. L'enjeu est d'organiser tes actifs de façon cohérente, en tenant compte de ton horizon d'investissement, de tes objectifs et de ton tempérament d'investisseur. Ce chapitre est là pour assembler toutes les pièces du puzzle et t'aider à définir une allocation patrimoniale qui t'accompagne durablement.

Nous allons voir d'abord pourquoi la diversification reste le socle de ton parcours, puis nous aborderons l'évolution de l'allocation d'actifs au fil des étapes de ta vie, avant d'ouvrir la porte aux placements alternatifs et à la personnalisation de ta stratégie.

1. LA DIVERSIFICATION COMME PIERRE ANGULAIRE DE TON PATRIMOINE

Tu connais déjà le principe : diversifier, c'est répartir ton patrimoine entre des actifs dont les comportements ne sont pas parfaitement corrélés.

On va maintenant apprendre à structurer et à faire vivre une diversification efficace quand ton patrimoine est déjà significatif.

Une bonne diversification réunit des actifs qui se complètent en termes de liquidité, de volatilité, de perte maximale potentielle et de rendement attendu. La répartition de ces caractéristiques au sein de ton patrimoine te permet d'évaluer objectivement si ta diversification fonctionne réellement, car attention, dispersion n'est pas diversification ! On vise une méthode, pas une collection de différents actifs.

En partant du principe que l'avenir est incertain, la diversification te récompense avec :

- une meilleure stabilité de ton patrimoine en absorbant de la volatilité de chaque classe d'actifs, qui s'exprime à des temps différents et pas dans les mêmes proportions ;
- une réduction des risques de pertes extrêmes liées à un choc sectoriel ;
- une meilleure performance ajustée sur le risque[23].

Pour structurer judicieusement un portefeuille, on fait appel aux trois classes d'actifs essentielles : les obligations, les actions mondiales de grandes capitalisations et l'immobilier (direct ou pierre-papier), complétées par une poche de liquidités. Ce sont elles qui forment le noyau d'un patrimoine diversifié !

Bien sûr, avec un tel panel, il y aura toujours quelques mauvaises années, et tu vas tous les ans manquer de performance par rapport à celui qui aurait tout parié sur l'action du moment ou sur l'immobilier d'une station balnéaire en vogue. C'est la contrepartie logique d'une allocation pensée pour durer ! Il est impossible de connaître à l'avance le meilleur actif de l'année : en 2022, ce furent les liquidités ; en 2023, l'or ; en 2024, les actions internationales. Changer ton allocation en courant après le dernier gagnant est une stratégie hasardeuse : c'est un biais d'action qui peut saborder des années de travail patient. La performance récente d'un actif n'est pas, en elle-même, un argument suffisant pour l'ajouter massivement à ton patrimoine aujourd'hui. Je pense notamment à la surperformance récente de l'or qui fait vite oublier ses fondamentaux, on va en reparler.

Vigilance particulière si tu investis dans le même secteur que ton métier : tu peux tirer parti de ton expertise, mais ne mets pas tous tes œufs dans le même panier. La logique est la même pour un dirigeant qui conserve la majorité de ses économies en actions de sa propre société : un choc sectoriel ou une mésaventure d'entreprise pourrait emporter à la fois ses revenus et son patrimoine. C'est pourquoi des fortunes construites par la concentration cherchent ensuite à répartir leur exposition sur des classes d'actifs réellement décorrélées. Imagine une dirigeante qui vend sa société tech et reçoit un capital important : son premier réflexe sera d'investir dans ce qu'elle connaît (tech, start-ups). Une diversification raisonnée la conduira plutôt à sécuriser une poche de liquidités, à alléger progressivement son exposition sectorielle, à acheter des fonds largement décorrélés, à ajouter de l'immobilier performant et à conserver une exposition raisonnable au *private equity* qu'elle maîtrise. Ce plan réduit le risque de pertes importantes tout en lui permettant de continuer à investir dans son domaine d'expertise !

RÈGLE D'OR #29

LA DIVERSIFICATION DES ACTIFS EST LE SECRET D'UN PATRIMOINE QUI DURE.

Mais revenons au cas général : si ton patrimoine doit toujours rester diversifié, la répartition précise de cette diversification, l'allocation, doit évoluer au fil de ton parcours. Voyons cela.

2. COMMENT FAIRE ÉVOLUER TON ALLOCATION D'ACTIFS ?

Le véritable enjeu de ta réussite financière se joue ici. Comme on l'a évoqué à l'étape 5, une allocation stratégique adaptée explique l'essentiel des performances d'un portefeuille[6].

Une allocation diversifiée est avant tout une discipline de gestion du risque pour rendre ton patrimoine résilient quel que soit le régime macroéconomique (inflation, stagflation, récession, reprise). C'est la colonne vertébrale de ta gestion financière : une allocation stratégique idéale et théorique qui sert de repère pratique, à déterminer avec raison pour naviguer sereinement sans te soucier de l'actualité économique.

Ce qui doit te pousser à changer ton allocation, c'est une modification du risque que tu peux tolérer, due à l'évolution de ta vie. En premier lieu ton âge, ta situation familiale, ton statut professionnel, tes projets et tes besoins à venir. Quand tu es jeune et en début de carrière, ton horizon est long : tu peux privilégier des placements amortissables (immobilier) et des actifs volatils (actions internationales) qui ont le temps de

RÈGLE D'OR #30

CONTRÔLE LE RISQUE DE TON ALLOCATION : LE VRAI DANGER EST DE NE PAS POUVOIR ACCÉDER À TON ARGENT QUAND TU EN AURAS BESOIN.

reprendre de la valeur après une récession. En prenant de l'âge, tes besoins de liquidité et de sécurité augmentent : l'allocation doit alors migrer vers des supports moins risqués.

Le premier facteur est donc l'horizon de placement, souvent approximé par l'âge quand l'objectif est la retraite. Aux États-Unis, beaucoup d'investisseurs suivent la règle du « 100 – âge » : tu soustrais ton âge à 100 pour obtenir la part d'actions à conserver dans ton portefeuille de retraite, le reste étant investi dans des actifs plus sûrs. Un trentenaire commence ainsi avec un portefeuille musclé : 70 % en actions et 30 % en obligations. Ce repère simple pour le portefeuille financier permet de tracer une trajectoire de désinvestissement progressif qui réduit le risque à l'approche de la retraite, en s'orientant vers plus d'obligations dans le patrimoine, par exemple avec des fonds euros en assurance-vie.

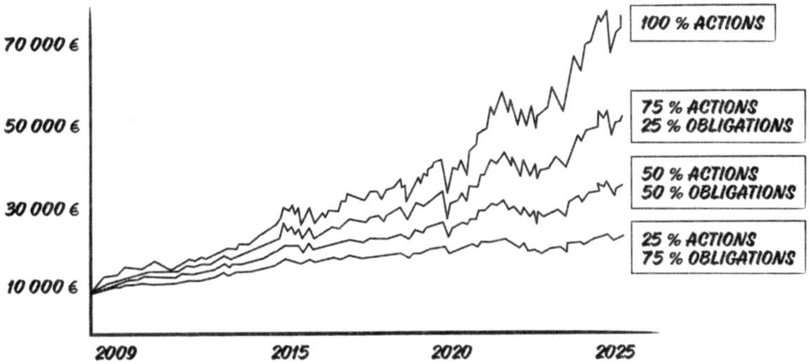

Performances et volatilité de 4 portefeuilles de 10 000 € investis en 2009 dans des proportions différentes sur un fonds indiciel mondial et un fonds obligataire, avec rééquilibrages annuels pour conserver les répartitions initiales

Mais l'âge n'est pas la seule contrainte. Des situations de vie représentant des passifs financiers importants survenant durant la vie active exigent aussi de réduire le risque et d'augmenter la poche de liquidités avec une épargne de précaution importante : enfants en bas âge, parents âgés, prêts à rembourser, mariage ou études à financer. Si cette épargne de précaution est bien prévue, il n'est pas forcément nécessaire de diminuer le risque de ton portefeuille financier. Dans la même logique, si tu es indépendant avec des revenus instables, une gestion prudente avec plus de liquidités est nécessaire. Mais si tu n'as pas de gros engagements à court terme, il n'est pas nécessaire d'assagir excessivement ton allocation.

En approchant de la cinquantaine, tu es probablement à un pic de tes revenus : c'est le moment où tu peux le plus contribuer à tes plans d'investissement. À cet âge, ton patrimoine est vraisemblablement plus important, ce qui te permet de viser les mêmes retours avec moins de risque et d'allouer ton capital de manière plus sereine. Rappelle-toi cette formule simple :

Retour sur investissement =
rendement × capital investi.

Plus ton capital est élevé, moins tu as besoin de rendement pour obtenir le même niveau de revenus !

À l'âge de la retraite, si tu souhaites percevoir des revenus de ton patrimoine, privilégie des actifs peu volatils et générateurs de revenus : obligations de qualité, fonds indiciels distribuants solides ou immobilier locatif stable. Pose-toi la question essentielle : quelle perte maximale peux-tu supporter sur ton portefeuille ? Si tu comptes dessus pour compléter tes revenus, la réponse doit être « assez peu », car tu n'as pas le loisir d'attendre une remontée des marchés. Pour l'immobilier, limite l'effet de levier : moins de crédit signifie une richesse nette acquise.

Si tu possèdes un patrimoine plus important que tes besoins, ou que tu vises une préservation et une transmission de ton patrimoine, tu peux conserver une part de dynamisme avec des actions au sein d'une allocation équilibrée.

En gardant une poche dynamique, tu conserves une espérance de rendement global supérieur aux rendements du secteur obligataire, te permettant de compenser tout ou une partie de tes sorties d'argent.

Si les conseils d'allocation sont en partie généralisables pour les vingtenaires, à mesure que l'on avance en âge, l'allocation adaptée devient vraiment propre à chacun.

Exemples pratiques

Prenons l'exemple de Nathan, 25 ans, ingénieur salarié, avec des charges faibles. Pour lui, une allocation agressive est pertinente, avec par exemple une exposition importante aux actions pour capter un fort rendement composé sur le temps, associée à une poche de liquidités et d'obligations pour constituer un apport immobilier futur. S'il subit un krach, il a le temps pour récupérer.

Pour Louise, 30 ans, graphiste freelance, la situation est un peu différente. Ses revenus étant moins garantis, elle privilégiera une proportion plus importante d'actifs liquides et obligataires pour couvrir les interruptions de revenus et constituer un apport immobilier important, tout en restant exposée aux actions pour capitaliser en vue de sa retraite d'indépendante. Une répartition inverse est pertinente, avec 75 % dans des produits obligataires ou en liquidités jusqu'à l'achat de sa résidence principale.

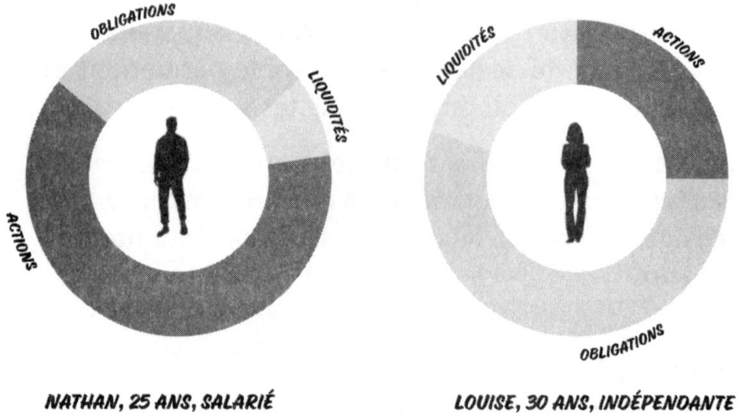

Allocations d'actifs pertinentes pour Nathan et Louise dans leur jeunesse

Nathan, maintenant dans la cinquantaine, a investi entre-temps dans des biens locatifs. Bientôt, il devra financer les études de ses enfants et aura besoin d'une épargne sécurisée importante. Il décide donc de renforcer la part obligataire et liquide de son patrimoine grâce à ses revenus salariés et fonciers, plutôt que de continuer à investir en Bourse. Conserver un portefeuille trop agressif à ce stade pourrait le contraindre à vendre des actions en période de marché baissier.

On retrouve Louise, qui s'approche de la fin de sa carrière avec un patrimoine diversifié : en plus de sa résidence principale, elle a surtout investi en actions. Lors de sa retraite, elle diminuera la part en actions de son patrimoine et privilégiera les supports obligataires au rendement plus sûr et prévisible. Son objectif n'est plus la performance maximale, mais la sécurité et la régularité de ses revenus pour compléter sa retraite.

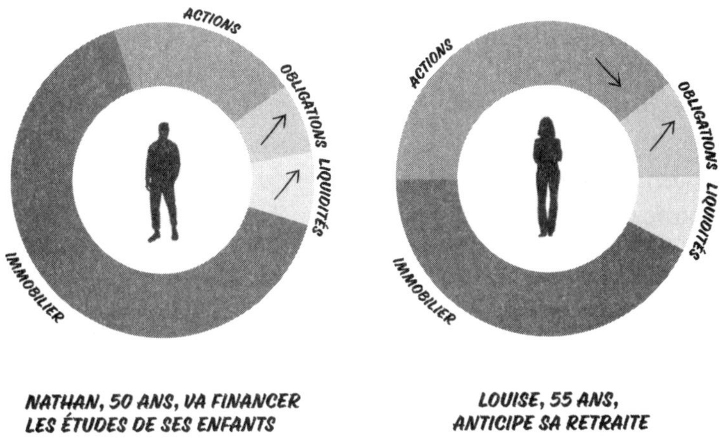

Nathan et Louise cherchent désormais moins de risque : ils privilégient les produits d'épargne

Tu vois qu'il n'existe pas un modèle d'allocation évolutive parfaite. Des économistes brillants l'ont cherché sans succès absolu. Comme elle est strictement personnelle, prends le temps d'étudier ton cas pour voir où tu te situes sur le spectre. Applique les grands principes de diversification au sein et entre les classes d'actifs, la réduction du risque avec l'âge, la prise en compte de tes potentielles sources de stress financier. Plus important encore : choisis une stratégie que tu peux maintenir sur la durée. Dans l'investissement, on parle en décennies : une stratégie modérément bonne mais constante battra presque toujours une stratégie brillante mais abandonnée.

RÈGLE D'OR #31

LA MEILLEURE STRATÉGIE FINANCIÈRE EST CELLE QUE TU PEUX MAINTENIR DANS LA DURÉE.

En pratique, grâce aux facteurs évoqués, tu devrais pouvoir estimer ton allocation cible et t'y tenir pendant plusieurs années. Elle te servira de boussole pour ne pas te laisser emporter par les modes et savoir à tout moment à quoi sert ton patrimoine. Fais un point de comparaison de ta répartition actuelle avec cette allocation cible tous les ans, pour éventuellement faire des rééquilibrages afin d'avoir un patrimoine adapté à ta vie. Dans le même but, révise-la après tout événement majeur : naissance, vente d'entreprise, changement professionnel, etc. À la fin, tu auras un patrimoine diversifié, adapté à ta vie, et surtout capable de te soutenir durablement.

Une fois que tu sais piloter le cœur de ton patrimoine diversifié, tu pourrais être tenté d'y ajouter des investissements moins conventionnels. C'est maintenant qu'ils interviennent ! Avant de passer aux détails, garde à l'esprit que ces placements restent des compléments au cœur de ton patrimoine, souvent choisis pour le plaisir, par conviction ou pour un peu d'aventure. Voyons ensemble les options les plus populaires.

3. LES PLACEMENTS FINANCIERS ALTERNATIFS

Viser mieux que la Bourse : le *private equity*

Investir en *private equity*, c'est entrer au capital d'entreprises non cotées sur les marchés financiers publics : tu deviens copropriétaire d'une start-up en amorçage, d'une PME qui veut accélérer sa croissance ou d'une entreprise établie cherchant une nouvelle phase de développement. Contrairement à une action cotée, ton apport peut financer directement l'activité et ton gain dépend essentiellement d'une sortie réussie (revente, rachat industriel ou introduction en Bourse).

Le *private equity* attire parce qu'il promet une surperformance attendue par rapport aux actions cotées : environ 12 % pour le *private equity* français ces dernières années[24]. Cette surperformance potentielle a un coût : le capital est immobilisé, la liquidité est faible et le risque de perte en capital est sensiblement plus élevé que pour des titres cotés.

Une grande partie des gains provient de l'effet de levier, puisque les fonds empruntent pour amplifier les rendements. Cette dépendance à l'endettement rend le *private equity* très sensible aux cycles des taux d'intérêt. Quand les taux sont bas, l'emprunt est moins coûteux et les valorisations ont tendance à augmenter. Quand les taux remontent, le financement devient plus onéreux et il devient plus difficile de dégager de fortes plus-values. Attention : contrairement aux idées reçues, le *private equity* reste assez corrélé aux marchés publics. Sa volatilité apparaît toutefois moins visible en raison de valorisations réalisées moins fréquemment !

Il existe trois moments privilégiés pour entrer au capital d'une entreprise en *private equity*. Le premier, l'amorçage de start-ups non rentables, est le plus risqué : beaucoup d'entreprises échouent, mais celles qui se démarquent peuvent créer des multiples très importants. C'est le cas de Doctolib, qui a commencé comme une start-up innovante dans la santé, et qui, grâce à son succès rapide, a généré des retours exceptionnels pour ses premiers investisseurs. Le deuxième, le « *growth* », concerne des sociétés ayant déjà démontré la viabilité d'un produit ou d'un marché, et cherchant à industrialiser leur croissance. Le troisième, le capital-transmission, vise des entreprises matures où l'optimisation opérationnelle et financière permet de générer du rendement avec un profil de risque relativement plus mesuré. Chaque stade a son horizon propre et demande une tolérance au risque différente.

En pratique, tu peux accéder au *private equity* de plusieurs façons. La voie traditionnelle est celle des grands fonds d'investissement réputés, à l'accès restreint exclusivement aux professionnels de la finance et aux très grandes fortunes. C'est ce placement qui offre l'espoir des meilleurs rendements et qui a forgé la réputation de la classe d'actifs, au prix d'une illiquidité qu'il faut bien envisager : le capital est investi pour une douzaine d'années ! Certaines sociétés françaises comme Altaroc ou Archinvest cherchent à ouvrir l'accès en proposant des fonds de ces fonds de *private equity*, mais cela reste pensé pour des profils très aisés et comporte un risque d'empilement de frais.

Des solutions grand public existent, avec des fonds de *private equity* logés en assurance-vie, PER ou compte-titres ordinaire, voire des fonds à accès direct, parfois défiscalisants. Ces formules offrent plus de praticité, une meilleure accessibilité et une vraie liquidité, mais les rendements attendus sont beaucoup plus modestes. Les particuliers arrivent souvent « après coup » : ils disposent de moins de pouvoir de sélection, passent par plusieurs intermédiaires et endurent eux aussi des frais élevés, ce qui pèse sur les performances réelles. De plus, les entreprises à très fort potentiel se raréfient dans ces fonds accessibles au grand public. Garde à l'esprit qu'il faut vraiment savoir ce que tu fais dans une industrie encore peu transparente !

Si l'aventure t'attire, il faut intégrer deux principes simples : la diversification pour lisser le risque, et la mesure en gardant le *private equity* pour t'amuser avec une part minoritaire de ton patrimoine financier, après avoir capitalisé sur des actifs plus liquides et diversifiés tels que les fonds indiciels. Cela te permettra de capter la prime potentielle du *private equity* sans compromettre ta liquidité ou tes objectifs financiers !

L'investissement participatif

Le *crowdfunding*, ou financement participatif de projets, consiste à mettre en commun l'épargne de plusieurs personnes *via* une plateforme en ligne pour financer une opération précise : construction ou rénovation d'un immeuble, installation d'un parc solaire, développement d'une exploitation agricole, etc. Appliqué à l'immobilier, le mécanisme est simple : tu prêtes ton argent au promoteur immobilier pour la durée du chantier et tu récupères ton capital majoré d'intérêts à la livraison ou à la revente des lots. Les plateformes affichent souvent des rendements annuels bruts attractifs, typiquement autour de 8-10 %, sur des durées courtes à moyennes (en général 12 à 36 mois).

Le *crowdfunding* immobilier peut sembler intéressant si tu veux placer de petits montants de manière dynamique en dehors des véhicules classiques. Mais je t'invite à la prudence, car le *crowdfunding* immobilier te donne une exposition aux risques de l'immobilier sans te donner le contrôle opérationnel ni l'effet de levier. En conséquence, le ratio rendement/risque est moins favorable qu'il n'y paraît : tes fonds sont bloqués pendant toute la durée de l'opération, il n'existe quasiment pas de marché secondaire pour revendre ta part, et surtout tu finances souvent des promoteurs immobiliers peu capitalisés. Si un projet dérape – permis de construire bloqué, retard de chantier, vente annulée –, tu risques une perte totale de ton capital. La plupart des projets ne sont pas garantis pour t'assurer un remboursement. À cela s'ajoute le caractère cyclique du marché immobilier : en cas de retournement, plusieurs projets peuvent se retrouver en difficulté en même temps.

D'autres formes de *crowdfunding* existent et peuvent compléter ton univers d'investissement. Dans le domaine agricole, les rendements sont généralement plus modestes, mais la portée sociale peut être l'argument principal. Dans le secteur des énergies renouvelables, tu peux financer des projets de centrales solaires ou des parcs éoliens avec des taux de rendement souvent compétitifs, mais la viabilité dépend du cadre réglementaire, des contrats d'achat d'électricité et de la qualité du montage. Ces segments sont accessibles, mais ils comportent eux aussi des risques de crédit et opérationnels qu'il faut évaluer au cas par cas !

Sur le plan fiscal, les revenus issus du *crowdfunding* (intérêts et dividendes) sont, par défaut, soumis au prélèvement forfaitaire unique que l'on a évoqué précédemment.

Si tu t'y intéresses, commence par de petits montants, diversifie largement sur plusieurs projets et plateformes agréées par les autorités compétentes (idéalement par l'Autorité des marchés financiers française), exige la transparence des montages et donne la priorité à la qualité des opérateurs plutôt qu'aux promesses de rendement trop élevées.

4. LES PLACEMENTS ALTERNATIFS REFUGES

Cela étant dit, peut-être que tu ne recherches pas une surperformance, mais un actif de protection qui a fait ses preuves. Dans ce cas, tu peux te tourner vers certains métaux précieux, matières premières ou devises étrangères offrant cette possibilité. Évoquons l'actif refuge le plus connu et accessible de tous : l'or ! A-t-il encore sa place dans ton patrimoine ?

Depuis des millénaires, l'or est un métal recherché pour ses propriétés physiques et esthétiques. Mais ce n'est pas ce qui explique que, sur les cent dernières années, le prix de l'or a augmenté en moyenne de 4,5 % brut par an. Ni qu'il a connu une performance exceptionnelle de presque 12 % par an sur les cinq dernières années, faisant de lui un des meilleurs actifs de la période !

En réalité, le contexte particulier sur les plans économique et géopolitique a attiré les capitaux des investisseurs particuliers, mais surtout des banques centrales de pays souhaitant diminuer leur dépendance au dollar. Cette situation révèle le principal intérêt financier de l'or : sa capacité historique à servir de protection, de réserve de valeur lorsque le climat devient morose ou incertain. C'est un actif qui présente le très grand avantage d'être totalement décorrélé des marchés financiers traditionnels, ce qui lui confère un rôle de diversification indiscutable en diminuant la volatilité et les moins-values globales en période de crise économique.

Il est également traditionnellement considéré comme un rempart contre l'inflation, avec un gain réel supérieur à celle-ci sur le très long terme, en partie car c'est un actif tangible dont le stock est limité et n'augmente que faiblement chaque année, contrairement aux monnaies fiduciaires « imprimées » par les banques centrales et qui perdent de leur valeur chaque année. Mais attention : cette protection n'est pas faite pour le court terme, car le prix de l'or reste très volatil. Il est arrivé que son prix chute d'un tiers de sa valeur en peu de temps, et certaines baisses majeures ont mis des années à se résorber. Ainsi, il affiche un ratio de Sharpe relativement modeste – de l'ordre de 0,4 –, ce qui signifie que son rendement rapporté à la volatilité est inférieur à celui d'autres classes d'actifs, comme les actions internationales.

Ce n'est pas sa seule limite importante : il ne produit aucun revenu courant – pas de dividende ni d'intérêt –, ce qui entraîne un coût d'opportunité quand d'autres actifs sont en phase haussière. Sa valorisation repose surtout sur la demande et les anticipations de son rôle de valeur refuge, ce qui explique pourquoi une part de ses mouvements de prix relève de la spéculation.

En pratique, l'or bénéficie d'un marché mondial très dynamique permettant de le convertir rapidement en liquidités, et il est négociable en continu sous différentes formes : pièces, lingots ou parts de fonds. L'achat de pièces coûte un peu plus cher à cause de leur format et de leur valeur de collection, tandis que les lingots ont un prix plus proche du cours « spot » de l'or (son prix de marché immédiat). Mais détenir de l'or physique entraîne des coûts et des contraintes : coffre-fort, alarme, assurance, stress et risque de vol... ou location d'un coffre-fort à la banque. En contrepartie, il bénéficie d'une fiscalité plutôt avantageuse. En effet, la plus-value peut être exonérée au-delà de 22 ans de détention, et les gains issus de transactions d'un montant inférieur à 5 000 euros sont exonérés d'impôts.

Si posséder physiquement de l'or ne compte pas pour toi, tu peux te tourner vers les fonds pour intégrer l'or à ton compte-titres ou ton assurance-vie sans les soucis logistiques du physique !

Finalement, l'or est un actif à part. C'est avant tout un placement défensif, utile en période d'incertitude pour protéger ton patrimoine plutôt que pour le faire croître. Hors crises, les actions ont historiquement offert de bien meilleures performances. Il est à conserver en petites doses pour ne pas être victime de sa propre volatilité, et, dans ce cas, il a son utilité pour diminuer le risque global de ton patrimoine.

5. LES PLACEMENTS ALTERNATIFS SPÉCULATIFS

La nouveauté dans le paysage : les cryptoactifs

Les cryptoactifs forment une classe d'actifs spéculatifs qui attire de plus en plus d'investisseurs particuliers et institutionnels, malgré des critiques nombreuses et justifiées.

Le cœur du phénomène repose sur le fait que certaines de ces monnaies numériques, et en premier lieu le Bitcoin, ont offert des performances ahurissantes sur la période récente, tout en restant extrêmement volatiles.

Le Bitcoin en particulier évolue selon des cycles marqués : des phases d'euphorie (« *bull runs* ») suivies de retournements violents (« *bear markets* »), avec des chutes de l'ordre de 70 % ou davantage sur certaines périodes récentes. Cette dynamique alimente un fort effet FOMO (*fear of missing out*) : les nouveaux entrants ont tendance à rejoindre le marché quand les prix montent en craignant de rater l'opportunité, ce qui explique en partie pourquoi une majorité des particuliers se retrouve en perte lorsque le vent tourne[25]. N'oublie pas : on n'entend parler que des gagnants en crypto, pas des milliers de particuliers qui y ont laissé des mois ou des années d'épargne.

La technologie sous-jacente, la blockchain, est conçue pour fonctionner en dehors de la finance traditionnelle, en s'appuyant sur un registre partagé censé garantir la décentralisation et la traçabilité des transactions. C'est ce système complexe, souvent peu compris, qui séduit les amateurs pour son idéologie libertaire. Mais, dans les faits, une grande partie de l'écosystème crypto reste concentrée entre quelques acteurs et plateformes majeurs, ce qui affaiblit l'idéal initial. Parallèlement, on qualifie souvent le Bitcoin « d'or numérique » pour son rôle de refuge, mais c'est un actif qui n'a jamais traversé de récession et les données montrent qu'il présente une corrélation significative avec les marchés financiers !

Ce ne sont pas les seules déceptions liées aux cryptomonnaies. Derrière les fantasmes de révolution numérique et après une quinzaine d'années d'existence, elles sont toujours utilisées quasi exclusivement pour de la spéculation. Revenons à l'essentiel : les cryptomonnaies ne produisent aucun revenu. Contrairement à une action ou à un bien locatif, dont la valeur peut se justifier par les flux futurs escomptés, la valeur d'un token repose essentiellement sur l'anticipation qu'un acheteur futur acceptera de payer plus cher. Cela ne veut pas dire que l'on ne peut pas réaliser de gains, mais cela signifie que ces gains sont entièrement tributaires de la perception et de la demande, et non d'un revenu intrinsèque généré par l'actif.

Puisque la valeur des cryptomonnaies repose avant tout sur la confiance et la spéculation, pour toi, investisseur particulier, il est important de distinguer les projets bénéficiant d'une réelle adoption de ceux qui ne reposent que sur des effets de mode. Le Bitcoin reste la référence historique, grâce à son ancienneté et à son émission limitée à 21 millions d'unités. À côté de lui, seules quelques grandes cryptomonnaies, comme Ethereum ou Litecoin, présentent un intérêt relatif. Mais plus on s'éloigne de ces valeurs majeures, plus on entre dans un univers risqué qui s'apparente à un véritable casino, marqué par une volatilité extrême et parfois des manipulations de marché.

Cette dimension purement spéculative n'est d'ailleurs qu'une facette du problème, car, au-delà de la volatilité des prix, ce marché comporte d'autres problèmes concrets. Les frais des plateformes sont trop élevés, voire prohibitifs, dans un environnement où certaines ont connu des déboires techniques et juridiques, et où les risques de piratage sont réels.

Le comportement des investisseurs particuliers explique aussi une grande part des pertes observées. La stratégie d'achat régulier, quoi qu'il arrive (*Dollar Cost Averaging*), permet de lisser le risque d'entrée et peut, dans certains scénarios, mener à de bons résultats pour un investisseur patient, mais elle n'offre aucune garantie absolue à très long terme, dû à l'absence de valeur intrinsèque de l'actif sous-jacent. En revanche, le trading ou le pari sur des altcoins obscurs expose à des pertes rapides et totales.

L'intégration croissante du Bitcoin dans la finance traditionnelle modifie la structure de son marché[26]. L'arrivée d'acteurs institutionnels, de teneurs de marché professionnels et de fonds régulés augmente sa liquidité, ce qui tend à réduire certaines mesures de volatilité en période normale. En revanche, cette institutionnalisation accroît la corrélation avec les marchés classiques et crée de nouveaux canaux qui pourraient amplifier et propager les chocs lorsque survient une crise.

En pratique, si le sujet t'intéresse, prends le temps de comprendre cet écosystème, n'engage qu'une part limitée de ton patrimoine, privilégie les principales valeurs et adopte une démarche disciplinée pour limiter les biais de l'investisseur. N'oublie pas que tu devras déclarer les comptes détenus à l'étranger à l'administration fiscale si tu passes par des acteurs non établis en France, et les conversions en monnaie fiduciaire de tes gains seront soumises à imposition au prélèvement forfaitaire unique.

Rappelle-toi : la volatilité est bien plus grande ici, et le potentiel de plus-value peu assuré. Pose-toi honnêtement la question : dormiras-tu sur tes deux oreilles avec ce genre de produit dans ton portefeuille ?

L'investissement plaisir : les objets de collection

Éloignons-nous des chiffres et des graphiques de la finance traditionnelle avec les objets de collection qui ouvrent un univers où investissement rime avec rareté, esthétique et plaisir.

De ces caractéristiques découle une valorisation financière potentiellement intéressante, mais qui répond à des règles de demande et d'effets de mode, et où la liquidité et les coûts de conservation diffèrent fortement des placements financiers classiques.

Les options sont nombreuses : voitures de collection, grands crus, œuvres d'art, montres et bijoux, pièces design, etc. L'essentiel est de bien connaître ton sujet pour déterminer le potentiel de prise de valeur et pour vérifier l'authenticité !

Ces actifs ne génèrent eux non plus aucun flux de trésorerie : leur valorisation repose sur une perception artificielle qu'en auront les acheteurs futurs, allant au-delà du simple usage matériel, ce qui rend toute prise de valeur incertaine et parfois aléatoire.

En pratique, les rendements observés sur ces marchés sont souvent inférieurs à ceux des placements traditionnels une fois déduits les frais d'achat, de transaction, d'assurance et de conservation, et la revente peut être longue et coûteuse. Considère ces achats d'abord comme des « placements-passion » plutôt que comme des moteurs de performance. Ils ne remplaceront pas des investissements pragmatiques, productifs et bien diversifiés !

6. COMMENT INTÉGRER LES PLACEMENTS ALTERNATIFS DANS TA STRATÉGIE GLOBALE ?

Tu l'as compris : les placements alternatifs ne sont pas nécessaires pour développer un patrimoine solide et performant. Avant même d'y penser, assure-toi d'avoir construit les piliers des chapitres précédents, c'est-à-dire une exposition diversifiée aux actions, de l'immobilier adapté à ta situation et une réserve de liquidités et d'obligations suffisante.

Commence toujours par définir ton objectif d'investissement : veux-tu investir pour te faire plaisir, chercher une surperformance potentielle ou soutenir des projets qui te tiennent à cœur ?

C'est ici que la personnalisation de ton parcours d'investissement prend tout son sens. Prenons deux exemples opposés :

Emma, passionnée de voitures anciennes, a décidé de consacrer 20 000 euros, une partie marginale de son patrimoine, à l'achat d'un modèle en bon état qui la faisait rêver et recherché par d'autres collectionneurs. Parce qu'elle maîtrise son sujet, qu'elle avait défini une enveloppe précise et anticipé les frais d'entretien, de stockage et d'assurance, cet achat lui a apporté à la fois un vrai plaisir et, à long terme, une revente avec une petite plus-value. Ici, l'investissement reflétait sa passion, mais il est resté encadré par un cadre financier clair.

Alex, au contraire, a misé plus de la moitié de son patrimoine sur un projet de cryptomonnaie mis en avant sur un réseau social, en faisant un peu trop confiance à des inconnus, sans stratégie de revente. Quand le marché s'est retourné, il a liquidé sa position à perte, regrettant de ne pas avoir limité son exposition ni diversifié son risque. Dans son cas, l'absence de plan d'investissement a transformé un pari en leçon coûteuse.

Pour réussir tes investissements alternatifs, n'y consacre jamais plus de 10 % de ton patrimoine, car ce sont des sommes que tu peux potentiellement perdre en intégralité, étant donné que la diversification ne sera probablement pas ta principale considération. Mais si ton objectif est avant tout financier, répartis le risque entre plusieurs actifs et plusieurs plateformes lorsque c'est possible. Considère éventuellement un prix de sortie pour prendre tes gains si tu investis dans un produit spéculatif : tu pourrais alors réinvestir sereinement dans une autre poche de ton allocation et ainsi éviter de concentrer ton patrimoine sur un produit trop risqué. Cela servira de garde-fou contre les décisions émotionnelles prises en période de marché excité ou paniqué.

Évite 4 erreurs fréquentes :

1. Ne te laisse pas entraîner par la mode ou des influenceurs sans bien comprendre les risques du placement.

RÈGLE D'OR #32

LES PLACEMENTS ALTERNATIFS SONT DES COMPLÉMENTS RÉFLÉCHIS ET ENCADRÉS, PAS DES RACCOURCIS VERS LA PERFORMANCE.

2. Ne concentre pas ton exposition sur un seul actif ou une seule plateforme.
3. Ne néglige pas les frais et les risques opérationnels et de gouvernance (piratage, défaillance d'un opérateur).
4. Ne t'embarque pas dans un placement sans comprendre l'impact fiscal de tes opérations, surtout si tu passes par des intermédiaires étrangers.

7. PERSONNALISER TON ALLOCATION SANS TRAHIR LA DIVERSIFICATION

Adapter ton allocation à tes appétences, ce n'est pas s'autoriser à tout remettre en jeu : c'est intégrer tes préférences de façon raisonnée sans fragiliser le socle d'allocation adapté à ton profil.

Certains aiment suivre quotidiennement la Bourse, d'autres préfèrent le tangible de l'immobilier, d'autres encore veulent soutenir des projets à impact. Commence par définir clairement ce qui motive ta préférence : plaisir de possession (œuvres, voitures, vins...), conviction sectorielle (tech, santé...), implication personnelle (investir dans des projets locaux) ou investissement à impact (social, climatique...). Tu pourras alors décider en connaissance de cause de dévier un peu de ton allocation stratégique cible pour être en phase avec ton patrimoine !

La personnalisation ne doit cependant pas devenir concentration : tes convictions peuvent guider tes choix, mais elles ne doivent pas se transformer en mise excessive sur un seul actif ou secteur. Un biais narratif (« J'ai compris ce marché donc je mise tout dessus ») t'expose au risque de subir des pertes douloureuses si le scénario attendu n'arrive pas. C'est une question de mesure !

Si tu respectes ces principes, ta personnalisation deviendra une source d'enrichissement personnel – et parfois financier – sans mettre en péril ce que tu as mis des années à construire !

Ensuite, intervient aussi ta tolérance face au risque de tes investissements, même s'il est difficile de l'anticiper en dehors des périodes de crise. Es-tu à l'aise avec le fait d'immobiliser une grande partie de ton patrimoine dans un bien immobilier ? Arriverais-tu à fermer l'œil en cas de turbulences sur les marchés financiers ? Toutes ces questions, il vaut mieux se les poser à tête froide, pour éviter d'adopter un schéma d'allocation théoriquement adapté à ta situation de vie, mais pas à ton tempérament.

8. MAINTENANT, QUELLE EST LA SUITE ?

Te voici arrivé au sommet de la pyramide des accomplissements financiers. Félicitations !

Voici quelques conseils pour accompagner ton parcours d'investissement sur le long terme.

Conserve une gouvernance personnelle sur ton argent

Tout au long de ton parcours, tiens un tableau de bord synthétique (Excel, Google Sheets) pour suivre au moins la valeur de chacune de tes positions d'épargne et d'investissement. Cela te permettra de calculer ton allocation réelle par grandes classes d'actifs et de la comparer régulièrement à ton allocation stratégique cible. Fais un état des lieux au moins tous les ans et après tout événement majeur : ce sera l'occasion de faire les rééquilibrages nécessaires et de faire le point sur les frais. Ce tableur est ta gouvernance patrimoniale : il doit t'aider à répondre à la question « À quoi sert mon patrimoine ? »

As-tu besoin d'un professionnel pour gérer ton patrimoine ?

Si ton patrimoine est structurellement simple et que tu maîtrises les principes exposés dans ce livre, tu as les outils méthodiques pour le gérer toi-même. Mais, comme on l'a vu, la stratégie d'investissement parfaite n'existe pas et il n'est pas toujours facile de trouver l'allocation adaptée. Si tu manques de temps, si tu souhaites déléguer la mise en œuvre ou si le poids émotionnel des décisions te bloque, tu peux faire appel à un conseiller en gestion de patrimoine indépendant. Choisis-le de préférence rémunéré par des honoraires et non par des commissions issues de contrats qu'il te propose. Ils sont malheureusement rares, mais c'est une condition nécessaire pour limiter les conflits d'intérêts.

Pour certaines questions plus spécifiques, tu peux aussi avoir intérêt à te tourner vers d'autres professionnels. Le notaire est ton interlocuteur naturel pour les questions immobilières, les donations ou la transmission pour toutes les tailles de patrimoine. L'avocat fiscaliste, lui, intervient si tu envisages une cession d'entreprise, si tu as une activité internationale ou si ta structuration patrimoniale comporte des enjeux fiscaux complexes.

Transmission et gestion du patrimoine familial : un sujet pour plus tard, mais à garder en tête

Quand tu es jeune actif, ton enjeu prioritaire est de construire ton patrimoine. Mais il est utile de savoir qu'un jour, la stratégie ne se limitera plus à l'investissement : il faudra aussi penser à la transmission. Celle-ci ne s'improvise pas et gagne à être préparée longtemps avant le moment où elle sera effective. Anticipe avec les donations stratégiques, l'assurance-vie, les démembrements ou la constitution de structures dédiées si nécessaire (avec le bon conseil juridique).

N'oublie pas que l'éducation financière des héritiers est tout aussi importante que la planification juridique. Incite-les à maîtriser eux aussi les mécanismes des finances personnelles, explique-leur les logiques d'allocation et donne-leur de petites sommes à gérer pour apprendre. L'objectif est d'éviter que la transmission ne se transforme en catastrophe par ignorance ou par emportement !

PLAN D'ACTION

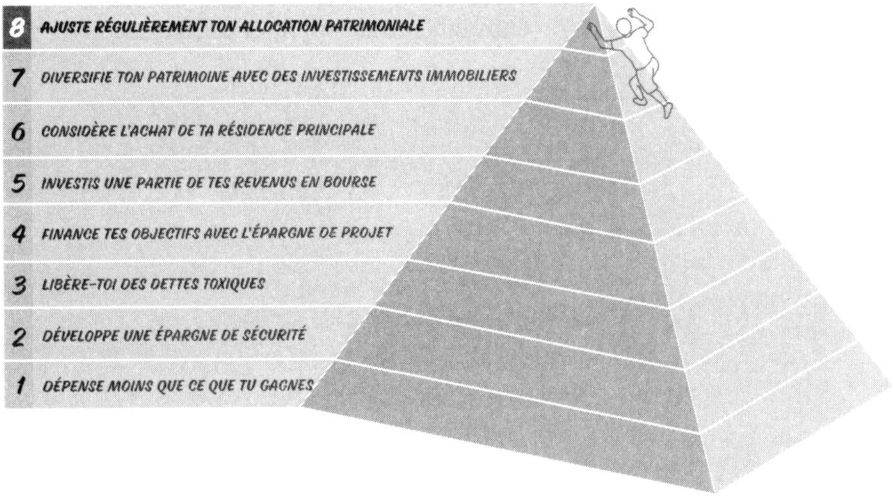

1. Bâtis un noyau d'allocation stratégique diversifié composé d'actifs vraiment complémentaires : obligations, actions, immobilier et une part de liquidités.

2. Fais évoluer ton allocation cible selon ta tolérance au risque : garde des actions et de l'immobilier (avec levier) pour le dynamisme, augmente la part d'obligations et réduis le levier pour protéger ton capital et tes revenus.

3. Personnalise raisonnablement ton allocation en fonction de tes appétences, de tes convictions, de ton tempérament. Tu peux inclure marginalement des placements alternatifs : du *private equity* ou du financement participatif pour le rendement ou l'engagement, de l'or pour son rôle défensif, ou des actifs spéculatifs.

4. Maîtrise et comprends ton allocation pour préserver une stratégie financière durable.

5. Fais le point chaque année : compare ton allocation cible à ta gestion réelle à l'aide d'un tableau de suivi, et procède aux rééquilibrages nécessaires.

CONCLUSION

Tu tiens entre les mains un ouvrage qui se veut témoin d'une idée simple mais essentielle : reprendre le contrôle de tes finances n'est pas une chasse au placement miracle, c'est construire patiemment une trajectoire cohérente et durable, basée sur des mécanismes éprouvés.

La pyramide des accomplissements financiers, considérée dans sa globalité, éclaire les priorités : des fondations pour assurer ta sécurité, des actifs productifs et diversifiés pour bâtir ton patrimoine, et la gestion de ce patrimoine pour en profiter tout en le faisant durer.

La clé des finances personnelles, c'est finalement de savoir piloter son allocation : diversifier pour limiter les risques, adapter chaque position à ta situation et savoir faire évoluer ton portefeuille avec le temps. C'est ainsi que tu construiras ta stratégie, avec méthode et rigueur, mais aussi en y insufflant tes priorités et ta vision personnelle.

J'espère t'avoir donné des clés concrètes pour agir avec lucidité. Étant donné que nos décisions financières sont trop souvent gouvernées par l'heuristique et les émotions, comme l'ont montré les travaux reconnus de Daniel Kahneman[27], la gestion de nos finances personnelles doit savoir prendre de la hauteur et instaurer des garde-fous.

Retiens donc ces 32 règles d'or :

1. La marge séparant tes dépenses de tes revenus est ta première force financière.

2. Pour assainir rapidement ton budget, coupe dans les dépenses avant d'essayer d'augmenter tes revenus.

3. Garde quelques mois de dépenses en épargne de sécurité et n'y touche pas sauf en cas de pépin.

4. Ton épargne de sécurité doit être à part, liquide, sans risque, garantie, et idéalement compenser l'inflation.

5. Le crédit n'a de sens que pour financer un actif qui prend de la valeur.

6. Si tu as des crédits pour des passifs, commence par rembourser ceux au taux le plus élevé.

7. Tes gros projets à venir doivent être préparés avec une épargne disponible et peu risquée.

8. Une fois tes gros postes de dépense optimisés, mise sur l'augmentation de tes revenus, pas sur les infimes économies.

9. Ne laisse pas ton train de vie grignoter toute ta hausse de revenus : épargne au moins la moitié de chaque augmentation.

10. Pour créer de la richesse, accumule des actifs qui rapportent plus que l'inflation.

11. Investir tôt dans un placement rentable réduit l'effort d'épargne et augmente le gain total sur le long terme.

12. N'investis que dans des placements dont tu es capable d'expliquer le fonctionnement à un enfant.

13. Pour un particulier, la Bourse n'est un jeu gagnant que sur le long terme.

14. Il est vain d'essayer de battre durablement les grands indices boursiers, le mieux est de se contenter de les copier !

15. En Bourse, investis tout l'argent disponible dans ce but, et investis-le aujourd'hui !

16. Les krachs sont généralement des opportunités d'investissement.

17. Toutes les enveloppes ne se valent pas pour investir en Bourse : choisis celle qui correspond à ta situation.

18. Renforce ton investissement boursier régulièrement, reste investi et ignore le bruit médiatique.

19. Quand ton patrimoine est faible, épargne davantage. S'il est important, peaufine tes investissements.

20. Même si tu peux acheter ton logement aujourd'hui, ce n'est pas forcément le bon choix. À terme, devenir propriétaire reste souvent préférable.

21. L'achat de ton logement n'a pas de sens tant que tu n'as pas une stabilité géographique, personnelle et professionnelle.

22. Utilise l'effet de levier immobilier : minimise l'apport et allonge la durée si le taux est raisonnable, pour investir ailleurs.

23. En immobilier locatif, vise un projet qui s'autofinance, avec un effort d'épargne mensuel minimal.

24. Ne compte pas uniquement sur une plus-value future, exige un rendement locatif dès le premier jour.

25. En immobilier, choisis l'emplacement avant le bien.

26. Pour être rentable, adopte une structure juridique et fiscale cohérente avec ton projet d'investissement immobilier.

27. Un bon investissement doit rester rentable même sans avantage fiscal.

28. Garde toujours une réserve de trésorerie pour les imprévus locatifs.

29. La diversification des actifs est le secret d'un patrimoine qui dure.

30. Contrôle le risque de ton allocation : le vrai danger est de ne pas pouvoir accéder à ton argent quand tu en auras besoin.

31. La meilleure stratégie financière est celle que tu peux maintenir dans la durée.

32. Les placements alternatifs sont des compléments réfléchis et encadrés, pas des raccourcis vers la performance.

CE N'EST PAS QU'UNE QUESTION D'ARGENT

Si tu es arrivé au bout de ce livre, attention : tu risques de te laisser prendre au jeu de l'investissement ! Construire de la richesse progressivement, à partir de tes revenus et d'un effort soutenu d'épargne et d'investissement, est un processus à la fois sain et profondément satisfaisant. Les choix que tu fais et les concessions que tu acceptes aujourd'hui pour bâtir un patrimoine pour toi et tes proches te font saisir la vraie valeur de ton argent. En t'impliquant activement, tu augmentes non seulement tes chances de le conserver, mais tu peux aussi prendre du plaisir à voir ton projet vivre et croître.

Garde cependant à l'esprit deux illusions dangereuses : croire qu'un jour tu te sentiras enfin riche et que tu seras heureux quand tes comptes seront assez remplis. La science récente tranche un vieux débat : en moyenne, plus de revenu s'accompagne d'un meilleur bien-être, mais cet effet s'estompe pour les personnes dont le mal-être a des causes non monétaires[28].

Tu peux fermer ce livre en ayant une certitude : l'argent n'est pas une fin en soi. L'approche saine est de penser en projets, en création de valeur, plutôt qu'en argent. Autrement, tu cours après un horizon fuyant. L'argent doit avoir une dimension sociale et morale : dépenser et investir pour des projets qui ont du sens transforme la relation que tu entretiens avec ton patrimoine. La recherche en psychologie confirme que dépenser pour les autres augmente le bien-être, plus que la consommation personnelle[29]. Pense alors à inclure la générosité dans ta stratégie financière !

Cette même idée traverse les siècles, des stoïciens aux penseurs modernes. Sénèque avertissait déjà que la vie peut être gaspillée par la poursuite des choses matérielles. Dans *Pensées pour moi-même*, Marc Aurèle nous rappelle que la véritable richesse est ce dont tu peux te passer, et l'attitude avec laquelle tu vis. Ces leçons antiques doivent résonner dans ta stratégie financière : le but de tout ça, c'est que tu vives plus épanoui, et pas seulement que ton patrimoine se porte mieux. L'argent n'est, au fond, qu'une variable d'une équation plus vaste.

Note importante :

Ce livre a pour objectif de t'apprendre à reprendre le contrôle de ton argent et à comprendre les mécanismes qui te permettent de mieux gérer tes finances. Il ne s'agit pas de conseils personnalisés et l'auteur n'est pas un conseiller financier agréé.

Les stratégies et les bonnes pratiques présentées ici sont générales : elles t'aident à réfléchir et à agir, mais ne garantissent pas de gains financiers et doivent être adaptées à ta situation personnelle. Chaque décision financière reste ta responsabilité.

RÉFÉRENCES

1. Angela Lee Duckworth, Daniel R. Weir, *Personality, Lifetime Earnings, and Retirement Wealth*, 2010.

2. Cass R. Sunstein, Richard H. Thaler, *Nudge : la méthode douce pour inspirer la bonne décision*, 2009.

3. Tobias Brosch, Ulf J. J. Hahnel, Mario Herberz, Stephanie Mertens, *The effectiveness of nudging: A meta-analysis of choice architecture interventions across behavioral domains*, 2021.

4. Ebbe B. Ebbesen, Walter Mischel, A. Raskoff Zeiss, *Cognitive and attentional mechanisms in delay of gratification*, 1972.

5. Gaby-Fleur Böl, Frederik Freudenstein, Mark Lohmann, Peter Michael Wiedemann, *Eliminating the effects of reporting bias on risk perception*, 2023.

6. Gilbert L. Beebower, Gary P. Brinson, L. Randolph Hood, *Determinants of Portfolio Performance*, 1986.

7. Autorité des marchés financiers, *Étude des résultats des investisseurs particuliers sur le trading de CFD et de Forex en France*, 2014.

8. Aizhan Anarkulova, Scott Cederburg, Michael S. O'Doherty, *Stocks for the long run? Evidence from a broad sample of developed markets*, 2022.

9. Cyrille Chartier-Kastler, *Bilan 2024 Good Value for Money des offres de gestion profilée*, 2024.

10. S&P Global, *SPIVA®: S&P Indices Versus Active*, 2024.

11. Eugene F. Fama, *Efficient Capital Markets: II*, 1991.

12. Brad M. Barber, Terrance Odean, *Trading Is Hazardous to Your Wealth: The Common Stock Investment Performance of Individual Investors*, 2000.

13. Simon Grima, Jana Hili, Desmond Pace, *Active versus Passive Investing: An Empirical Study on the US and European Mutual Funds and ETFs*, 2016.

14. DALBAR, *Quantitative Analysis of Investor Behavior – Variable Annuities (QAIB-VA)*, 2024.

15. Adrien Bilal, Diego R. Känzig, *The Macroeconomic Impact of Climate Change: Global vs. Local Temperature*, 2024.

16. Zoë Arnaut, Òscar Jordà, Fernanda Nechio, *The Bell Curve of Global CO2 Emission Intensity*, 2023.

17. Jacques Friggit, *Le prix de l'immobilier d'habitation sur le long terme*, p. 33, 2025.

18. Insee, *Indice des prix des logements (neufs et anciens) – Brut – Base 100 en moyenne annuelle 2015*, 2025.

19. Jacques Friggit, *Le prix de l'immobilier d'habitation sur le long terme*, p. 280, 2025.

20. Insee, *Patrimoine immobilier des ménages de la zone euro - Les revenus et le patrimoine des ménages*, 2024.

21. Òscar Jordà, Katharina Knoll, Dmitry Kuvshinov, Moritz Schularick, Alan M. Taylor, *The Rate of Return on Everything, 1870–2015*, 2017.

22. BNP Paribas Real Estate, *Les bureaux en Île-de-France – 2020 T4*, 2020.

23. Harry M. Markowitz, *Portfolio Selection*, 1952.

24. France Invest et EY, *Performance nette du capital-investissement français à fin 2021*, 2022.

25. Giulio Cornelli, Sebastian Doerr, Jon Frost, Leonardo Gambacorta, *Crypto shocks and retail losses*, 2023.

26. Matteo Aquilina, Giulio Cornelli, Jon Frost, Leonardo Gambacorta, *Cryptocurrencies and decentralised finance: functions and financial stability implications*, 2025.

27. Daniel Kahneman, *Système 1/Système 2 : les deux vitesses de la pensée*, 2011.

28. Daniel Kahneman, Matthew A. Killingsworth, Barbara Mellers, *Income and emotional well-being: A conflict resolved*, 2023.

29. Lara B. Aknin, Elizabeth W. Dunn, Michael I. Norton, *Spending Money on Others Promotes Happiness*, 2008.